"尖尖角"丛书

孩子的
心理报告书

心理学

回答妈妈的问题

孩子的
心理报告书

[韩国]张有敬 著 刘日波 译

黑龙江教育出版社

成为一位好母亲，只有爱是不够的

我在儿童研究所工作期间，接触到了很多的孩子和母亲，他们咨询一些日常生活中琐碎的问题，例如：“孩子太内向了”，“孩子总是离不开我”，“英语幼儿园好不好？”等等。通过观察，我经常发现母亲对自己孩子的状态并不十分了解，甚至存在误解，比如说，孩子觉得学习吃力，但是母亲却认为自己的孩子要比其他同龄的孩子聪明，觉得不需要担心，或者，孩子在某一方面很有潜力，但是由于母亲的疏忽或者漠不关心导致了这种潜力没能得到发展。

只要给孩子提供稍许的帮助，孩子就有可能变得比现在更自信、更幸福。每当遇到这样的情况，我就觉得万分惋惜，所以数年来我利用一些教育节目，以小组为单位，对父母们进行了一些指导。在此过程中，我有了如下的感触：

第一，孩子和母亲如同镜中映像，看到孩子就能看出母亲，看着母亲就能看出孩子，也就是说，母亲对孩子有着非常巨大的影响力。如果孩子过于内向，不合群，他的母亲往往也是内向型；如果孩子活泼开朗，他的母亲往往也善于交际；如果孩子缺乏自信，那么，十之八九是由于母亲的管制过于严厉造成的。

第二，别人的成功事例并不一定适合于自己的孩子。我们就以送孩子去幼儿园的最佳时期为例，根据每个孩子的气质和适应环境的能力各不相同，答案也是不同的，所以不能盲从别人的成功事例，应该把自己对孩子的理解放在首位来考虑。

第三，养育孩子不应该成为一种负担，我们应该尽情享受育儿带来的快乐。观察周围的母亲，我们不难发现有些母亲时常盼望着，"我的孩子什么时候才能知晓大小便、什么时候才能听懂话、什么时候才能上幼儿园"，她们把育儿当做了一种负担，期盼着自身的解放。虽然育儿的每一瞬间都是苦恼和问题的延续，但是换一种角度来说，育儿带来的快乐、成就感和培育孩子的伟大意义也是独一无二的。孩子最需要父母呵护的这一段时间，应该是幸福快乐的时间。

我以几年前发表的报刊连载文章为基础，结合我自身的育儿经验和儿童研究所的工作经验，整理出版了这本书。起初在报刊上发表文章的时候，我是想把自己多年从事儿童心理学各类研究的成果浅显易懂地提供给父母们，相信父母们可以从中得到很大的帮助。

此次整理出版的时候，我又添加了真实的事例，力图更加简单明了地阐述和解释儿童心理学的研究成果。为了便于父母们的理解，我采用了心理学家鲍姆林德的方法，把妈妈们分成了溺爱型、管制型、自律型和批评型四种类型，并整理了各个类型可能发生的事例。

溺爱型母亲是指过于盲目地溺爱孩子,有牺牲精神的母亲;批判型母亲是只看到孩子的短处,看不到孩子的长处而不断批判孩子的母亲;自律型母亲是给孩子无限自由和权限,一切以孩子为中心的母亲。管制型母亲是指但凡与孩子有关的事情就都要进行干涉的母亲。

　　但是,"我是属于哪一个类型"并不是最重要的,如同我们的个性,各个类型都有各自的长处和短处。我们不能说某一位母亲就是属于哪一个类型,她有可能具备每一个类型的某些特点,所以理解每个类型的长短要远比判断属于哪一个类型重要得多。为了成为一位好母亲,一定要理解好各类母亲的特点,一定要取长补短。

　　世界上数万种工作中,养儿育女是最重要、最具有挑战性的工作。很多父母身兼如此重担,为了养好育好孩子不断苦恼和担心。作为一位心理学家,也作为一位母亲,我衷心期盼此书能够给孩子的爸爸、妈妈们一些帮助和安慰。

2008 年 5 月

张有敬

目 录

第 一 章

溺爱型母亲

——"尽管说出来，妈妈都能替你做"

checklist

細读下列各项,觉得符合自己情况的就用√作出标记,最后相加得出最终分数(每项 1 分)。

1. 孩子在玩耍的时候,能够自然地融入到孩子的游戏中。☐

2. 为孩子感到自豪,能经常称赞孩子。☐

3. 和孩子在一起非常快乐。☐

4. 期待孩子将来能有所作为。☐

5. 尊重孩子,能和孩子交心。☐

6. 和孩子在一起的时间很多。☐

7. 善于表达对孩子的情感。☐

8. 经常关心孩子的行动和成就。☐

9. 经常对孩子说因为有你所以很高兴。☐

10. 经常和孩子谈一些他们感兴趣的话题。☐

11. 孩子的行为出现问题的时候,与别人商议接受别人的帮助。☐

12. 平时几乎满足孩子的所有要求。☐

总分:＿＿＿＿

结果分析

0~3分　你很有可能不属于溺爱型母亲。

4~7分　你具有很多溺爱型母亲的特征,希望仔细阅读这一章找到改善的方法。

8~12分　你是典型的溺爱型母亲,为了改善与孩子的关系,有必要尝试不同的育儿方法。请仔细阅读这一章,希望能够避免溺爱型母亲常有的失误。

今天难得和朋友们聚会,志远的母亲有些等不及了,她们约好都带上孩子去一家家庭餐厅共进午餐。因为志远一刻都离不开妈妈,所以志远的母亲有些担心,但是想起餐厅里的娱乐室,就觉得不会有问题。妈妈们等孩子们吃完午餐后就把孩子送进了娱乐室,但是还不到五分钟志远就出来了,开始粘上了他的妈妈。

志远的妈妈说了一句:"嗯,我家志远想妈妈了吧。"然后就和平时一样开始迁就孩子。孩子感受到了妈妈的慈爱就更加委屈,眼泪都快掉下来了。志远的母亲看到孩子眼里的泪水就顾不得和朋友们聊天,忙着哄孩子了。

志远的妈妈对孩子说,"你和小朋友们再玩一会儿吧,妈妈也和朋友们再聊一会儿,好不好?"但是志远不乐意,使劲地摇头,眼泪也开始劈里啪啦地掉下来了。志远的母亲虽然觉得非常对不住难得聚在一起的朋友们,但是也不能不理孩子,让孩子就这么哭下去,所以最终还是连声说抱歉,拉着孩子的手站起来了。志远的母亲能够感受到背后朋友们的不太理解的眼神,但是为了孩子就觉得无可奈何。

"妈妈,我再玩一小时回家。"俊锡在他的要好朋友相俊家里,用电话进行了通报。外面天都黑了孩子也没个电话,俊锡的妈妈本来就担着心,所以就对孩子说现在已经是 8 点了,叮嘱他马上回家,但是俊锡非要玩完游戏再回家。俊锡的妈妈也理解孩子的心情,他和相俊好长时间没在一起玩了,于是最后还是依了孩子。

　　志远和俊锡的母亲是典型的溺爱型母亲。如今,很多的母亲身上都有溺爱型母亲的某些特征。她们一般有一个共同的特点,那就是她们自身都有一个管制型的父母,她们接受了严格的教育。她们惧怕父亲,从来就没有和爸爸顶过嘴;老师叫她们的名字,她们的心就会发颤,好像自己是个罪人;她们经常受到大人的忽视,被认为什么也不懂。溺爱型父母对他们亲身体验过的这种育儿方式心存反感,所以,父母和孩子之间如同朋友的关系也就成为了他们的理想教育模式。虽然孩子看起来有些没有礼貌,但是这些父母认为,这也好于由于孩子惧怕大人,在大人面前抬不起头,他们希望孩子有自己的主见,即坚强又活泼。

　　正因为如此,溺爱型母亲在孩子身上倾注无限的爱,让孩子们拥有相当大的权限。只要是孩子提出的要求,他们就会尽可能满足孩子。他们不愿意限制孩子的行动或者强加给孩子一些规则,更愿意和孩子进行协商,愿意在尊重孩子的基础上来解决问题。他们也不愿意突出父母的权威,强求孩子无条件服从,他们愿意成为孩子的朋友,成为孩子最密切的人。无论决定什么事情,他们都会从孩子的立场出发,积极接纳孩子的意见并努力对其作出肯定的反应。他们愿意和孩子在一起,关心孩子,为他们感到自豪,也能自然地表达对孩子的爱。

　　溺爱型父母会让孩子从小感受到父母无私的爱,孩子们在父母的不断肯定中成长,所以相比之下他们更自信。他们从小习惯和父母交流自己的想法和意见,所以长大成人之后,他们的社会生活能力也会受到肯定的评价。

　　但是,父母过度的爱,让孩子成长在赞扬和喝彩声中,所以他们有可能不习惯社会生活所必需遵守的秩序,也缺少自我节制能力,也就是说,他们有可能成长为"没有礼貌的孩子"。如果在社会生活中还是以自己为中心的话,就有可能缺少关爱他人之心,也就是爱心的缺失。

　　正因为如此,溺爱型父母既要给孩子自律型的权限和信赖,必要的时候也要给予恰当的管制。溺爱型父母有时会担心管制,会让他们失去孩子的爱,但是他们一定要理解,为了孩子幸福健康地成长,某种程度的管制是必须的。孩子的长处,我们要给予持续的赞扬;孩子的不足之处,我们需要用训练来弥补。

01

既温和又坚决，
成为外柔内刚的母亲

好久没见的一位朋友激动地向我讲述了在超市里发生的一件事情。这位朋友走进了一家超市，看到草莓非常新鲜诱人就拿起了一盒，生怕被购物车里的其他东西挤坏，就放在了购物车的最上面，就在这时，坐在旁边购物车里的一位小朋友用手指戳了一下她的草莓，我的朋友就说："小朋友，你不能这样！"就把草莓挪到了小孩够不到的地方。小孩的母亲看到这一切，就走过来说道："我的孩子是一个非常敏感的孩子，你怎么能这样说孩子呢？他该多不好意思呀！"她原以为这位母亲走过来是为了替孩子向她道歉，我的朋友非常尴尬，不知该说什么好了。我的朋友好像对此事非常不愉快，向我抱怨了好一阵儿，这样教育孩子，我们的国家将来会变成什么样的一个国家。

很多孩子拉着妈妈的手来到我们的研究院接受各种各样的测试。平时非常安静的走廊，顷刻间就会变成热闹的运动场，孩子们到处乱跑，大声喊叫，走廊顿时变得异常吵闹。每当这个时候，我只好替那些放任孩子的母亲出面来管制这些孩子，母亲们这才面带歉意的微笑，来为自己的孩子辩解。

这些母亲中，银哲的母亲给我留下了尤其深刻的印象。银哲的问题是过分活跃，但是他的妈妈却是一位非常安静、女性化的母亲。

"我早就让他安静了，但是他就是不听呀！可能遇见小朋友们太高兴了，他在家里也是这个样子。看来他的精力过分旺盛了，在游乐园玩的时候也经常使劲推别的孩子，小朋友们都怕他。"

银哲的母亲望着走廊里又跑又喊的银哲，束手无策，露出了无可奈何的神色。最后还是我阻止了孩子，我用力抓住孩子的双肩，望着孩子的双眼非常坚决地对孩子说："银哲，我们这里不允许乱跑，老师和小朋友们在房间里学习呢，你这样不是妨碍他们了吗？"我的强硬的态度让孩子瞬间僵了一下，避开我的视线望向别处了。

朋友型和管理型教师

如今碰到的年轻母亲们，与其说她们是孩子的母亲，还不如说更像孩子的朋友，这不仅是因为她们的年轻外貌，而且看着她们对待孩子的样子更让我有这样的感觉。大多数的母亲们就是在需要管住自己孩子的特定场合中，仍然采取非常消极的手段，甚至反而作出让步和妥协。

我们说"应该用爱养育孩子"，这句话常常被误解成不能向孩子发脾气，要无条件地赞美孩子。韩国传统的育儿方法是非常严厉的，人们有这样的误解，可能是对这种传统育儿方法的一种抗争，也可能正因为如此，父母应该严厉批评孩子时候,妈妈们却不做任何管制,要么就是管制不了孩子。孩子的成长绝对需要父母的爱,但是原则也同样重要。只有给孩子制订出正确的行为准则,孩子们才不会迷惑彷徨。

与此相关,最近出台了一个非常有趣的研究结果,研究了朋友型教师对孩子的影响。韩国的母亲想成为孩子们的朋友,所以这一研究结果对于她们也有可借鉴之处。日本山梨县都留文科大学心理学系的河村教授研究小组,以全国中小学的5万名学生为对象,针对教师和同级学生的关系作了一次心理调查,研究了根据教师不同的指导方式,班级的特点会有什么样的变化。

研究小组首先把教师分成了"朋友型"和"管理型"教师。"朋友型"教师属于充分接纳学生要求和意见的类型;"管理型"教师属于严格指导和监督孩子的类型。我们小时候的老师大多是属于严厉的"管理型"教师,所以那些"朋友型"教师非常受同学们的爱戴,遇上"朋友型"班主任的班级甚至都成为了其他孩子羡慕的对象。我们通常认为"朋友型"老师指导下的孩子比"管理型"教师指导下的孩子更加自律,学生被孤立的问题也会少。

但是,河村研究小组的研究结果,却推翻了我们的这种推测。小学4~6年级的学生承认自己长期被同学们孤立的学生中,有一半以上的学生都是出自朋友型教师担任班主任的班级;与此相反,管理型班主任教师手下的学生中曾被同学们孤立的人数不到总人数的30%。

为什么会出现这样的结果呢?根据研究小组的研究,"朋友型"教师管理的班级,教师和学生一方面保持着一个比较好的关系,但是另一方面,学生之间出现争吵或者违反纪律时,也没有得到严格管制,出现老师放任学生的现象,所以违反纪律的现象就会反复出现,也会出现打架、学生被孤立的现象。研究结果中,还有一个非常有趣的结果,那就是使用请求型语气,要比命令型语气相对更有利于维持班级的纪律。教授指出:"如果一个教师不想被学生所左右,教师就应该倾听每一个学生的意见,与此同时也要制订最基本的纪律,对于那些违反此纪律的学生要毫无例外地严肃对待。"

爱的给予和有求必应是不同的

前面所提到的研究结果,也适用于韩国母亲的育儿。我们的研究院不仅与孩子面谈,而且一定会安排与母亲面谈的时间。10分钟到30分钟的面谈时间里,孩子们要么被安排在隔壁屋里画画,要么就会送到游乐室,但是大多数的孩子不能忍耐这短短不到一小时的时间,有的孩子会闯进面谈室找妈妈,妈妈们也会作出各种各样的不同的反应。

有些妈妈觉得对不住孩子,求他们再等一会儿,拿出一些零食或答应孩子提出的一些要求,孩子们借机就会得到早就惦记上的妈妈的手机或者糖果,非常满足地走出去。但是这样的孩子往往没过几分钟,就会重新敲响面谈室的门。

与此不同,有些妈妈无条件地命令孩子们等待,孩子们知道闯进屋子就会遭到妈妈的责骂,所以就会努力忍耐,但是孩子们并不愿意,所以往往就会出现一幅孩子满脸委屈、手握门把手可怜兮兮地等待的画面。

当然,还有一些母亲虽然语气柔和,但是态度非常坚决地告诉孩子在外面等待,熙燕的母亲就是属于这一类型的母亲。看着她和孩子一起读书的样子,我们就会联想到朋友之间的关系,她和孩子嬉戏的样子,耐心倾听孩子叙述的画面,会让我们联想到一位非常有耐心的幼儿园教师。熙燕的妈妈走进面谈室之前对孩子说:"熙燕在外面等妈妈吧,这回轮到妈妈了。"语气非常坚决,就是大人听到也会感到一股凉气,再也没有商量的余地,再也说不出什么,孩子就乖乖地自己看书了,边看书边等着妈妈出来。

　　爱的给予,和有求必应是不同的。孩子们通过父母的爱,得到信任感和安全感,他们认为"我的爸爸、妈妈最喜欢我",并以此为基础与孩子们交朋友,培养出对世界的好奇心。与此同时,孩子们也想搞明白对与错的差异,想搞清楚父母所能容忍的行为限度。父母这时应该既柔和又坚决地告诉他们什么能做,什么不能做。只有这样,我们才能减少孩子的迷惑彷徨,让他们得到安全感,幸福地成长。

02

奖赏
有时也会产生负面影响

"如果你能在这次考试中得第一,就给你买电脑。"

"这次暑假,如果你能读 30 本书,就给你买手机。"

"如果你能安静地坐着,就给你糖吃。"

妈妈们为了让孩子读书学习,或者为了指使他们干一些琐事,经常采用各种各样的方式给孩子们提供奖品。这是因为电脑或手机等具体奖品,要比大道理更具效力。 但是, 我们要适当地利用奖励这种手段,否则有时就会得到适得其反的效果。如果孩子做什么事情都有一个奖品在等着他,那么孩子的期待值就会越来越高,一般的奖品很难引起孩子的兴趣,孩子慢慢地就会失去对奖品的关心,甚至有的时候,奖品反而会对孩子的成长有害。

拉弗的实验

有一个叫做拉弗(Arthur. Betz. Laffer)的心理学家,特别制作了孩子们喜欢的毡笔,进行了一项实验。他把孩子们分成了三组,他和第一组的孩子们约好如果他们用毡笔画画,就给他们奖赏;他没有提前告诉第二组的孩子们有奖品,而是等他们画完再给了他们奖品;他没有给第三组的孩子们任何奖赏。

两周之后,这位心理学家就在孩子们的自由活动时间里观察了孩子们是否喜欢用毡笔画画。结果表明,第一组的孩子们画画的兴趣,相对要比第二组和第三组减弱了很多。

这个实验结果说明,如果孩子们做一些他们自己喜欢的事情,奖品反而会减弱他们的兴趣。孩子们如何理解自己得到的奖品,要比奖品本身更有趣、更重要。

第二组的孩子们也得到了奖赏,但是他们的兴趣并没有减少。这两组的差异就是第一组的孩子们画画的目的是为了得到奖品,而第二组的孩子们是画完之后才得到了奖品,他们画画出于不同的理由。孩子们自问"我为什么在认真地画画?"如果得到的答案是"为了得到奖品",那么原本有趣的事情也会兴趣减半。

如同实验中表现出来的那样,有效的奖赏也要以适当的时机和对象为基础,如果孩子得到的奖赏过于巨大,让孩子回想起来觉得自己做事的目的是为了得到奖品,或者得到奖品的理由不够充分,奖赏反而有害于孩子的成长。再说,奖赏得到了预期的效果,如果继续给孩子提供相同的奖赏,其效果当然就会减弱,这就跟我们连续地吃一种好吃的糖果,本来非常香甜,但是久而久之，这种味觉就会消失一样。正因为如此，为了保持得到的效果，让它持续下去，我们就应该减少奖赏，应该把奖品转化成鼓励、赞扬。

我家的老大在美国上小学一年级的时候，美国的小学强调读书的重要性，我的孩子英语阅读能力不是很好，所以他更喜欢运动。孩子后来喜欢上读书是因为得到的了一个转变的契机。

有一次，这所小学得到了某比萨实业的后援，学校就决定每周阅读3本以上书籍的孩子就能得到比萨代金券。虽然这是单人使用的小小的代金券，孩子们却以此为傲。我的孩子也不例外，为了得到它，他就到学校图书馆借来英语的童话书，以他蹩脚的阅读水平，利用了一周的时间认真、耐心地读完了3本书，得到了比萨代金券，我们全家还为此全员出动去了比萨店，孩子非常自豪地使用了他的代金券为他自己购买了比萨。

孩子以此事为契机，慢慢养成了读书的好习惯。每周他主动地去两三次图书馆，亲自去借自己喜欢的图书。因为孩子每一次去借书，图书馆里的某一位女图书管理员就夸他，"这么快就读完了？你真是一个爱读书的好孩子呀！"孩子觉得非常惬意，读书的速度也自然地得到了提高，把握内容也变得更加准确了。几个月之后，孩子就是没有比萨代金券这个奖品，也开始自觉地读书，后来就变得爱读书，读书变成了一种乐趣，不知不觉就成了习惯。

如果孩子真的不喜欢读书，也可以采取这样的方法，孩子读完了几本书就奖励孩子，这也是个行之有效的方法之一。制定计划的时候，目标不宜过大，要制定孩子稍微加把劲就能实现的目标。很多人每年都下决心"每天一定要运动"，但是坚持不到一周就放弃，这是因为他们制定的目标过于巨大。我们应该制定出阶段性目标，孩子做到了就一定要给孩子事先承诺好的奖品,这个奖品一定要是孩子喜欢的,值得孩子炫耀的奖品。

但是,孩子的终极目标不应该是奖品,应该是让他们感受到读书的真正乐趣。为了把饥渴的马引到水边,胡萝卜是必须的,但是引到了水边之后,胡萝卜就不再需要了。同样的道理,如果孩子已经喜欢上读书了,奖品就没有必要了,这反而会产生负面影响。父母应该经常表扬孩子,让他们相信读书不是为了奖品而是出于自己的喜欢,而且应该帮助孩子拥有读书的兴趣,这是受益终身的好习惯。

不切实际的目标会带来失败

我们家的老二上小学 5 年级的时候,功课的难度提高了,预习和复习就成为必须做的工作。我让孩子放学之后每天复习一个小时,但是由于我们夫妻都有工作,所以孩子身边就没有人管了,预习和复习就成了需要孩子自觉完成的任务。孩子放学之后,要学习弹钢琴,学校的作业也不少,虽然我觉得每天一个小时的复习有一定的困难,但是还是决定相信孩子,先尝试一个月,同时为了激励孩子,我还决定给孩子设一个大奖。

孩子非常羡慕养宠物的小朋友,一直缠着给他买一个小狗,所以我和孩子约定好,如果他能每天复习一个小时的功课并坚持一个月的话,就给他买一个小狗。孩子想到能得到小狗,因此兴奋不已,冰箱门上的挂历上每天也多出了一枚小粘贴,但是大约过了一周之后,孩子当初的热情就慢慢凉了下来,功课也开始往后推了,孩子开始把当天的功课推到第二天一起做,利用周末的时间进行补充,这样勉强坚持了两周,但是两周之后,没完成的天数越来越多,挂历上只出现了 17 枚小粘贴就再也没有了。

孩子没能坚持复习有其充分的理由，星期二由于学校的合唱练习回家晚；星期三是孩子的卫生值日，吃完饭后又要去补习学院；星期五孩子的作业特别多，不可能进行一个小时的复习。虽然如此，原则就是原则，孩子的小狗就成了泡影。孩子非常失望，但是没有达到目标也不能奖励孩子。

我事后回想起来，不切实际的目标，是失败的原因，孩子当初为了得到小狗，觉得什么事情都没有问题，但是随着时间的流逝，当初的目标离她越来越远了。如果当初制定孩子能够实现的多个阶段性目标，每次实现一个目标，孩子的自信也会随着增强，那么得到的结果可能就不一样了。如果当初奖品也设成阶段性奖品，从小到大一直到最终的大奖，那么孩子或许就能达到目标了。

只有恰当地使用奖励手段，才能达到预期的效果。过大的、日常化的、没有规则的奖赏，很容易产生反面效果。父母们千万不能忘记，奖赏对于孩子来说，只能是激发孩子的兴趣、点燃孩子动机的手段，只能起到引火柴一样的作用。

03
上帝
也拿自己的孩子没有办法

在大型超市里，为了得到玩具车又哭又闹的孩子；房间变得乱七八糟，对妈妈让他整理房间的指令充耳不闻的孩子；在百货商店，已经告诫他不能碰那些玻璃盘子，但是最终还是打碎盘子的孩子；不顾危险，从很高的阶梯跳下来才解恨的孩子……

我们或许还记得青蛙的故事，父母养育着这些不听话的小青蛙，自己也能修心养性。我们自己肯定曾经也有过这样的时期，这也是我们深刻体会当年父母们常挂在嘴边的一句话的时期——拿自己的孩子真是没有办法。

但是，还有一句老话，我们可以从中得到一丝安慰，那就是"上帝也拿自己的孩子没有办法"。上帝的孩子亚当和夏娃，不是也没有听从父亲的话，偷尝禁果了吗？由此看来，不让做的事情偏要做到才能释怀；让做的事情，死也不愿意做，这可能是我们人类的天性。父母的作用就是适当驯服这种天性，让孩子明白守规则的重要性，遵守约定俗成的社会规则。

为了培养孩子们的自律能力，同时也为了把他们培养成遵守社会共同规范的成员,孩子们需要一个发展自我调节能力的过程。一般来说,12 个月的孩子就能接受父母制定的规则;24 个月的孩子听到父母的命令,如听到"不要摸"、"等着"就能自己调解自己的行为;到了 36 个月,孩子的自我调节能力更加发达,就能随着身边情况的变化进行自我调节。需要说明的一点,就是这里提到的年龄,一般是出现自我调节能力的年龄最小值,有些孩子就是过了 36 个月,仍然是个不听话、专门唱反调的青蛙。

整理玩具实验

美国爱荷华大学的高赞斯卡教授研究小组,进行了一项实验,他们让孩子们做一些他们不喜欢做的事情,或者不让做他们喜欢的事情,由此观察了孩子们听从父母指令的程度。比如说,孩子正在玩一个非常有趣的玩具,妈妈就让他整理玩具,或者父母不允许孩子玩看起来非常有趣的玩具,然后观察孩子的反应。

他们发现的有趣的研究结果之一就是,大多数的孩子都具有"青蛙"的特性,但是不能说所有的孩子都会变成"青蛙",根据孩子个性的不同,其结果也是不同的。一般来说,胆小的孩子从小就很听话,决不会做一些违反社会规则的事情。胆小的孩子一般不会重复相同的错误,但是胆大的孩子一般不能深刻认识到自己所犯的错误,所以重蹈覆辙的可能性很大。

相同的"青蛙"也有不同的种类,有不听话的青蛙,也有专门唱反调的青蛙。根据高赞斯卡教授研究小组的研究,孩子们不做父母让他们做的事情、被迫做他们不想做的事情,需要不同的能力。

举例来说,不允许孩子们玩看似非常有趣的玩具,他们所需要的能力就是有意识地抑制自身行为的能力;父母让孩子们做一些他们不喜欢的事情,比如:让他收拾玩具,他们需要的是胆小的气质,也就是说,不让孩子们碰玩具,他们最需要的是转移注意力的能力。让孩子收拾玩具不但需要转移注意力而且还要求具体的行动,所以这种情况可能更加复杂一些。

那么,如何训练这些"青蛙"呢? 如果孩子们的行为如同那只"青蛙",我们就算使用强制性的手段,也要培养遵守规则的习惯,然后孩子们在某种程度上能够遵守规则的时候,再引导他们自我提升这些规则,也就是说,做到没有父母的监督孩子们也能按照父母的指示去做。为了达到这一目的,我们应该做到,让孩子们自认为,遵守规则是出于他们自己的意愿。如果孩子认为遵守规则是为了得到父母的表扬和奖赏,或者是因为惧怕责罚,那么当这些因素消失的时候,不遵守规则的可能性就提高了。

从小教会孩子调节行动和感情的方法

让我们把前面介绍的高赞斯卡教授团队的研究结果,应用在银浩身上看一看吧。

银浩非常喜欢电脑游戏,喜欢得听不到弟弟大声的说话声,注意不到弟弟偷吃他的巧克力曲奇饼。银浩的母亲生怕孩子游戏中毒,就限制他一天只能使用一个小时的电脑,周末是两个小时,如果孩子违反此规定,下周末就不让他碰电脑。

我们训练这些"青蛙"首先要知道几点原则:

第一,罚所惧,罚无情。

如前所述,听话的孩子胆子比较小,但是其程度不一,所以责罚应该为孩子量身定做,应该是孩子所惧怕的责罚,而且责罚之前,应该让孩子清楚地认识到他的哪些行为是不恰当的,会导致什么样的结果。孩子一旦出现这种行为,就应该无情地执行事前约定好的惩罚。

银浩的情况是,如果他越害怕惩罚就越会遵守规则。为了达到这样的目的,惩罚应该是银浩所惧怕的,而且要无一例外地坚决执行惩罚。惩罚也是一种和孩子的约定,所以不能由着妈妈的心情。如果哥哥犯规时,惩罚得到坚决地执行,而弟弟则例外的话,就会让孩子感到迷惑。如果这样的情况反复,孩子就会寻求不遵守约定,也能避开惩罚的理由。

第二,要提供对策。

如果能给银浩提供比电脑游戏更有趣、更吸引他的选择,就能减轻他不能玩电脑游戏所带来的痛苦。比如说,如果为了不让孩子玩电脑游戏,就强迫孩子看一些无趣的电视教育节目,或者强迫孩子读书的话,银浩就不能轻易地从电脑游戏的诱惑中摆脱出来,但是如果引导孩子做一些孩子喜欢的运动,或者别的什么有趣的活动来引导孩子的话,孩子就能更容易地摆脱电脑游戏的诱惑。

第三,表扬孩子时,要强调孩子遵守规则的自觉性;惩罚孩子时,要就事论事。

孩子开始遵守规则的时候,把这些规则升华成孩子自觉的行动是下一个阶段的目标。为了达到此目的,我们一定要强调孩子是"自觉"地遵守了规则,要帮助孩子把规则转换成自觉的行动。如果孩子觉得自己遵守规则是因为妈妈的奖赏或惩罚,那么当这些奖赏或惩罚消失时就有可能不遵守规则。孩子的犯规惹你生气,你也要注意不能感情用事,否则孩子就有可能不仅不反省自己所犯的错误,而且反而会觉得妈妈不爱自己。孩子违反规则的时候,就应该对孩子说:"银浩,你违反了和妈妈的约定,玩电脑游戏超过了一个小时,这个周末你就不能再玩了。"我们应该把孩子的行动和其结果联系起来给孩子一个明确的解释。

孩子不听话的时候,有些母亲就会认为"孩子可能还小,再大些就会好的",但是根据前面所提到的研究结果,孩子管不住自己做喜欢和不喜欢做的事情,是与自我调节能力和自控能力有关。如果自我调节能力和自控能力从小没能得到培养,那么在长大成人之后的生活中,很有可能存在相同的问题。孩子的年幼不能成为我们的借口,与其纵容孩子,还不如教会孩子适当调节自身行动和感情的方法。

04

只有妈妈幸福，
孩子才会幸福

"我，……我是想说，……我可能因为孩子不能再来上班了。"

嬉正是我们公司的职员，她的儿子灿盛上小学 4 年级。这些年她一直一边上班一边养育孩子，虽然其间也有过几次坎儿，但是还是一直坚持到现在。这些日子，她可能又遇到了什么困难的情况，向我表示，为了孩子只能放弃事业。

灿盛出生之后，一直是由他的奶奶照顾，但是上小学之后，出现了一些情况，奶奶不能照顾他了，就由保姆来照顾他。孩子到了小学高年级之后，孩子的教育问题一直困扰着她，因为忙于工作，经常不能参加孩子学校的家长会等活动，孩子的作业也没时间关心。于是，她今年特意向公司告假，去了一趟孩子的学校。

学校的聚会结束之后，不知是什么原因，班主任老师想单独和她谈一谈。班主任老师反映，灿盛不但经常丢三落四，不完成作业，而且最近还经常拉着身边的朋友去网吧，经常缺席学院的补习课，他自然就成为了其他孩子需要躲避的对象。

嬉正丝毫没有察觉到这些事情，对这些情况是一无所知。她由于忙于工作，经常回家很晚，见到正在看电视的儿子，就问作业完成了没有，孩子的回答总是肯定的。嬉正一直很相信自己的儿子，所以孩子的背叛让她心痛，又只能责怪自己一直以来过于放任孩子，所以她下定决心结束自己的事业照顾孩子。嬉正的事业正处于重要的时期，但是权衡之下，她还是觉得孩子要比自己的事业更重要，于是作出了这样的决定。

我们的公司里女职员特别多，这是因为我们的公司是一家教育专门机构，很多工作更加适合于女性。很多女职员本身就是一位母亲，所以我经常能见到为了孩子放弃事业的年轻妈妈们。让这些年轻的母亲们彷徨的是，是否为了帮助孩子写作业，为了参加孩子的家长会，为了指导孩子放学后的学习而放弃自己的事业。她们都就职于教育机构，每天都在苦思冥想如何才能帮助妈妈们养育好孩子，但是却没有照顾自己孩子的时间，这让她们觉得更加痛苦。

每当像嬉正这样的年轻有为的母亲，因为孩子而被迫放弃事业的时候，我深感惋惜。有些母亲说孩子稍大一些就回来上班，但是重新开始又岂能是一件容易的事情。再说，在公司重要计划的推进中，如果身兼要职的职员半途而退，也会影响计划的实施。

同时成功驾驭事业和育儿的母亲

也有一些母亲,她们既没有抛弃自己的事业,也没有耽误养育好孩子。美螺是我们公司教育团队的一员,她的孩子一直是由她的婆婆照顾。这位婆婆对孩子的教育热情非同一般,她不但替儿媳妇参加孩子学校的活动,而且据说为了孙子还重新开始了学习英语、学习汉字。美螺的婆婆说,养自己孩子的时候觉得特别累,但是为了孙子做些事情却令她感到快乐,而且经常能和年轻的妈妈们在一起,自己也觉得年轻不少,再有就是能够帮助子女,她觉得很有意义。她积极收集教育信息,为孙子挑选补习学院,帮助孙子做作业,在孙子的教育问题上比谁都热心。

智恩负责我公司的市场企划,她利用自己对教育市场的渊博知识克服了她自身的不利条件。智恩虽然因为忙于工作而没有时间和其他的妈妈们面对面的交流,但是她发挥了她特有的社交技巧,不时地抽出时间和班里的家长们电话沟通,在电话里,经常向她们推荐一些现今非常热门的教育节目,还对这些教育节目的好处和问题给予详细的说明,所以他在家长中的人气很旺。通过与家长们的交流,他同时也能了解到,如今妈妈们的真正需求,能够掌握第一手资料,对她的工作也是很有益处,就像她向我炫耀的那样,取得了一石二鸟的效果。

靓美是我公司开发团队成员,她负责物色免费参加实验课程的孩子。她通过介绍孩子的朋友们参加公司的免费实验课,与其他家长们维持着非常好的关系。因为孩子们能够免费听课,能够免费做各种各样的检查,所以孩子们的家长不可能不高兴,靓美在家长中的人气也不可能不高。我们研究院推行的各种检查是采取这种实验课的形式,很多国内最优秀的教师和开发者会参与进来,观察孩子和母亲的反应,所以孩子们参加这种课程就能逐渐熟悉如何表达自己的想法,很多孩子们进而达到能用自己的观点来评论一本书和玩具的水平。靓美的孩子自从和他的朋友们访问了妈妈上班的公司以后,表示了自己长大以后也要像妈妈那样从事为孩子们写书的事业,并且为自己能有这样的妈妈而感到骄傲。虽然这样的情况是由于她们的公司是教育机构才有可能,但是也有很多普普通通的母亲们一边上班一边成功地把孩子培养成独立、责任感很强的孩子。

我作为一位教育专家,经常接受妈妈们的咨询,她们问我:"妈妈们重新开始工作的最佳时期是什么时候呀?"每当这个时候,我就对她们说,最好是等到孩子们上了幼儿园,你们就有时间重新开始工作了。我也是一位母亲,所以非常了解孩子上小学之前有很多事情是需要照顾的,我记得我是孩子上了中学之后,才有了一些闲暇。话又说回来,我们也不能束手无策地等到孩子上了中学以后才开始工作,我觉得关键是方法而不是时机,也就是说,重要的是妈妈们如何工作才是最重要的。

我有两个孩子需要照顾,但是我也没有耽误我的学习和事业。老大是在我大学毕业的那一年,打印毕业论文的那天晚上出生的。孩子出生以后,我休息了两年,但是也没有放弃学习。孩子快一周岁的时候,我跟着丈夫去美国留学了,算起来我和孩子是在韩国和美国各度过了一年的时间。我在美国的那一年过得特别累,白天丈夫上学之后,我就在家照顾孩子,还整天捉摸"如何才能开始学习"。现在回想起来,我既然当时决定在家休息,就应该抛开学习等事情,和孩子一起愉快地生活才是正确的,觉得非常后悔,但是在当时的确是放不下这些事情。

两年之后，孩子满两周岁的那一年，我就把孩子送到了儿童之家，而我重新开始了大学院的学习。刚开始的时候，把孩子送到儿童之家遇到了一些麻烦，因为孩子和我在家度过了两年的时间，现在孩子的周围全是外国小朋友，孩子自然很难适应，所以刚开始的几天，我每天抽出半天时间和孩子在儿童之家一起度过，帮助孩子适应陌生的环境，接下来我每天把孩子送到儿童之家后，我就去学校。孩子站在儿童之家的篱笆后面，也哭过闹过，我看着哭泣的孩子，虽然心如刀割，但是学习的决心从未曾动摇过。

攻读博士的时候，我的第二个孩子出生了。预产期原来是在学期结束之后，但是由于羊水的破裂，孩子大约提前两周出生了。我在孩子出生一周后不得不去学校，所以我的第二个孩子，几乎是从幼儿时期就是由保姆和儿童之家来照顾的。老二的性格要比老大温驯，看到孩子在儿童之家门前犹豫，我就对孩子说，"妈妈也上学，你也要像妈妈一样应该上学"，孩子也就听话了，他也比较容易地适应了新的环境。

留给孩子幸福基因

养育孩子的过程给我的感觉是，虽然孩子自身条件重要，但是更重要的是妈妈的心态。为了工作把孩子托付给别人，心里却不认可这种安排，或者整天和孩子在一起，心里却埋怨这不是自己想要的生活，这两种情况为孩子着想，无论哪种都不是好的选择。

一个叫做霍普曼（Hopman）的研究专家指出，"妈妈自己对于工作和育儿有着什么样的态度"对于孩子的发展是最重要的，只要妈妈有工作的热情，对自己的工作满意，那么以此为基础，她就能更好地扮演好母亲的角色。

就算儿童之家的条件不是最好的,但是只要妈妈对自己的工作满意,对孩子的发展反而会有帮助。如果妈妈愿意继续她的职业生涯,但是为了养育孩子和家事不得不放弃自己的事业,她们就有可能疏忽孩子,也有可能把气撒在孩子身上,或者想通过孩子来满足自己,就会搞得孩子不得安宁。孩子们和这样的母亲就是整天在一起,也不会得到任何的帮助。

妈妈在家或不在家并不重要,重要的是妈妈从事着自己喜欢的工作,觉得幸福,孩子才能健康地成长。如果认为自己的生活无聊,整天的苦恼,那么就算母亲和孩子可以 24 小时在一起,也不会比那些因为工作、一天只能和孩子相聚几个小时的母亲好到哪里去。只有那些对自己的选择满足、堂堂正正地生活着的母亲才是最好的母亲。

05

要经常和孩子交心

　　我的周围有几个这样的人,她们千辛万苦得到了博士的学位,但是为了孩子还是选择了做全职的家庭主妇。她们当中的一位最近给我打来电话,说是发生了一件令她伤心的事情。这位朋友留学归来后,因为她一直对孩子怀有一份歉疚,觉得为了自己学习没能好好照顾孩子,加之她是一个完美主义者,宁愿只做一件事情也要力求完美,所以为了孩子舍弃了自己千辛万苦得来的博士学位,选择做了一位全职的家庭主妇。有一天,已经是小学高年级的儿子放学回来就对她说,"我希望我的妈妈也能像其他孩子的妈妈那样工作。"

　　我的经历正好与她相反,我的性格是属于那种不管三七二十一,先做了再说的性格,而且工作的时候也喜欢几件事情一起摊开来做。正因为如此,我才能够学业途中结婚,还生了两个孩子。孩子们也是因为从小看惯了她们的妈妈学习和工作的样子,所以他们也已经适应了妈妈经常不在家,在外从事社会活动。但是孩子毕竟是孩子,突然打雷下雨,没带雨伞、便当里忘带了勺子、筷子的时候,他们也希望自己的妈妈拿着雨伞在校门口等他们、盼望妈妈给他们送来勺子、筷子,就像别的母亲们做的那样,但是我没能做到这些,孩子们偶尔也会向我倾诉他们的委屈。

有一次,我的大孩子要参加在某大学举行的竞赛。孩子们参加一些竞赛或者入学考试的时候,我在国外经常是为了培养孩子们的独立性,故意让他们自己乘地铁前去。那一天,孩子考完试早就应该回来了,可是到了晚饭时间还是没有孩子的消息,我很担心,就在这个时候孩子来电话了。孩子说竞赛结束之后还安排了面试,但是考生人数众多,孩子一直等到晚上,午饭也没能吃上,搞得孩子筋疲力尽。孩子回来抱怨说,妈妈们都到了学校,生怕自己的孩子饿,都在校门外给孩子们递便当,或通过学校的助教给孩子们送来面包等食物,他还抱怨说一起考试的孩子们实力很强,一眼就能看出来,他们在妈妈的指导下进行了长期而充分的准备。

我自以为尽了自己最大的努力帮助孩子做了些准备,但是结果却是让孩子饿得筋疲力尽,也觉得有些对不住孩子。孩子这么重要的一天,我本来也满可以先送孩子再上班,也觉得自己没有安排好,但是另一方面,我的教育哲学是要培养孩子们具备需要"雨伞"、"需要勺子、筷子"的时候,能够自己变通处理,能够独立解决这些问题的能力。孩子们可能也明白妈妈的用心良苦,也能比较自然地接受了妈妈的工作,所以假期我在家休息的时候,孩子们反而觉得不习惯,甚至有时督促我赶快上班。

要通过对话洞悉孩子的内心世界

如果孩子们有一个像我这样工作繁忙的母亲，很多事情都要依靠他们自己来解决:放学回来,他们看不到他们爱吃的、热气腾腾的食物,也见不到满脸笑容迎接他们的妈妈;心情郁闷的时候,也见不到妈妈倾诉;也没有人帮助他们完成作业;打电脑游戏,也没有人唠叨;也没有人关心他们去学院学习的情况。那么,孩子们对这样的父母究竟会有什么样的想法呢?

以《向孩子们询问》一书而闻名的盖林斯基(Ellen. Galinsky)为了寻求这个问题的答案,采访了父母都有工作的孩子们。 他首先要求孩子们对自己的父母作几点评价,其结果,对于孩子们来说,父母是否有工作或者是否在家并不重要,重要的是父母养育他们的方法。

孩子们在质和量上非常重视和父母在一起的时间。吃饭、写作业、收看电视等日常活动中,如果父母是共同参与的,那么孩子们对父母的评价是肯定的,而且父母对他们的关注程度越高评价也越高。此外,有 60% 的孩子认为他们的父母并不喜欢自己的职业,同样,有 60% 的孩子认为父母工作带来的好处,是能够赚钱。

一般情况下,如果父母喜欢自己的职业,经常和孩子谈论工作中愉快的事情,孩子们对父母工作的态度是肯定的,相反,很多孩子(25.5% 的孩子)担心父母工作中的压力会导致他们身心疲惫,影响他们的健康。

父母在工作中的压力确实对养育孩子的态度产生相当大的影响。在某一次的研究中, 妈妈们被要求每天记录工作的强度和人际关系带给他们的精神压力,然后用摄像机拍下了他们下班以后和孩子们在一起的情况,并进行了分析。结果显示,工作压力大的母亲,回家之后话少了,情感表达也少了,而且对孩子的关注程度也明显下降。如果母亲处于这样的状态,孩子们的表情大都灰暗,他们的行动也是小心翼翼的。

孩子们对职业母亲的要求

盖林斯基问孩子们对职业父母有什么样的要求,他们的回答可以综合为如下三点;

第一,"妈妈,只要您愿意,就找份工作吧。"孩子们也希望看到自己的母亲从事她们喜欢的工作、幸福生活的样子。如果妈妈觉得"为了你,我连自己喜欢的事情也做不了,就这样在家呆着……",孩子们可能会觉得冤枉。虽然孩子小的时候是有些困难,但是很多孩子长大之后,反而会为有职业的母亲感到骄傲。如果哪位母亲觉得自己是为了孩子在牺牲自己,那么还是去工作吧,这总比强迫自己和孩子呆在一起要好得多。因为只要妈妈幸福,全家也会变得幸福。

第二,"请不要把工作压力带到家里来。"我们在外面工作,无论你喜欢与否,总是免不了把一些工作带到家里来做,我们和孩子一起看电视,心里想的却是工作。还有一些父母如果工作压力大或者遇到什么不顺心的事情,就会拿孩子撒气,孩子觉得自己无缘无故就挨骂了,就会觉得特别委屈,自尊心也会受到伤害,或者孩子们想从自己身上找出父母发火的原因,这样孩子的心灵就会受到伤害。

第三,"请爸爸、妈妈关心我们到底在想些什么、关心我们在做些什么,也向我们讲一讲你们的生活。"有些孩子就是父母不问,也会把自己一天里发生的事情一五一十地讲给父母听,但是大多数的孩子随着一点点长大,就越来越不会和父母讲他们自己的事情。妈妈看着要去玩的孩子就问:"你和哪一个朋友去玩呀?"听到的大都是令她寒心的回答:"妈妈,你不认识。"很多父母没能和孩子进行充分的沟通,所以经常会从第三者(孩子的朋友或班主任)的口中间接得知自己孩子的一些生活情况。

　　父母如此关心孩子们的私生活,孩子们同样也会关心爸爸、妈妈的生活。如果给孩子们讲一讲妈妈、爸爸究竟在从事着什么样的工作,和一些什么样的人一起工作,孩子表面上装出毫不关心的样子,其实他们是在竖起耳朵在听。孩子们听着爸爸、妈妈工作上的事情,就会觉得自己是这个家庭的一名成员,产生一种归属感,也会得到思考社会上的一些问题的机会。为了明白自己的孩子,和孩子建立一种畅通无阻的沟通纽带,给孩子们讲一讲我们自身的故事怎么样呢? 让我们充分利用这样的机会吧。

06

妈妈不是孩子的交通负责人

我的大儿子不久前成了空军一员,我就变成了军队的家属,很自然平时就会留意报纸和新闻上有关军队的消息,坏消息总是比好消息多,有时候还真是让我们担心。每当我想了解孩子在军队的近况,就会登录空军教育司令部的网站。此空军网站,为了父母们每周都上载一些孩子们的训练内容和接受训练的视频,而且在网页的留言板上可以留下问题,并且很快就会得到答复,通过网络给孩子写信也是可以的。我们确实能够感受到如今军队有了很多变化。

空军教育司令部的网站上,有一个专门为军队家属的母亲们开辟的一个留言板。我偶尔也到那里读一读母亲们上载的文章,就能再三感受到韩国母亲们对儿子的那种永无止境的爱。有一位母亲听说防生化训练非常的残酷,就提出能不能不让自己的孩子参加;有一位母亲在留言板上留言道歉,说是她有时会忘记想着在军队里接受训练的儿子,觉得非常对不住儿子;还有一位母亲说,孩子在这么寒冷的天气里接受训练,她实在是不能在温暖的房间里安逸地生活,于是就关掉了家里的取暖设施;有位母亲把儿子的换洗衣物留下来,每当想儿子的时候就闻一闻孩子衣服上的汗味。母亲们对孩子是爱到极致,如果允许母亲替儿子参军的话,报名参军的也会大有人在。

但是,这种爱仅仅是古典韩国母亲的爱和挂念,如今这种程度的爱还是不够的,还要附加另外一种专门职能。

为超级妈妈的雄心所累的母亲们

"妈妈,我该去学院了!"

朋友们好久没见面了,她们说得正起劲,智锡给他的妈妈打来了电话,说是他去学院的时间到了。智锡的妈妈心里有点埋怨孩子,学院离家很近,孩子满可以自己就能走着去,但是埋怨归埋怨,她还是站起来向朋友们道歉了。

像智锡的母亲一样,很多的母亲们不得不给孩子做司机。智锡的邻居,小熙的母亲为了接送孩子,不得不把十年都没用的驾照拿了出来,虽然小熙需要去的学院不多,但是没有直达的公共汽车,小熙的妈妈只能给孩子当司机,每天送孩子到学院,再把孩子接回来,这样一天很快就过去了。

慧恩是小学5年级的学生,她的妈妈为了辅导孩子的英语,自己也跟着孩子学习英语。慧恩的妈妈在大学修的是英语专业,但是和那些在美国居住过的朋友们相比,她还是没有信心像她们那样教孩子英语,于是为了孩子的教育,自己也挽起双袖,开始去学院学习了。

妈妈们做到这种程度还是不够,因为这个世界变化太大,高中生的母亲们不仅要给孩子当教师和司机,还要充当分析家的角色。珍娜的母亲把儿子和女儿都培养成了名牌大学的大学生,她的成功秘诀,就在于大学入学考试的策略。珍娜的母亲一心抱着让孩子考入名牌大学的信念,凡是大学入学考试的发布会,她都会想尽办法去参加。如果你想让孩子考入名牌大学,你就要提前知道按大学、按专业、某个科目的考试成绩对入学产生什么样的作用,还要根据孩子的成绩判断报考哪一所大学更为有利。珍娜的妈妈从孩子的学习方法、科目的选择,一直到填写志愿书,都是以专家的水准给孩子制定了策略,孩子们以此为基础,都成功地考入了名牌大学。

但是,给孩子当教师、司机、分析家,这样的苦恼不会随着孩子的大学入学而停止,因为很多孩子非常依赖父母,在自己的结婚、找工作等问题上,还是需要母亲替他们迈出第一步。这样的妈妈们如果在自己身上投入如此多的时间和努力,有可能早就成为了什么博士或者社长。妈妈们把孩子作为唯一的人生目标走到现在, 她们剩下的就是空荡荡的心和银行存折上仅剩下的零头,还有就是她们脸上的皱纹,到头来她们会觉得人生是那么的虚无缥缈。

美国母亲的变化——Momtini

这种现象不仅仅局限于韩国。不久之前,美国出现了叫做 Momtini 的新的单词,成了人们的话题。Momtini 是一个合成词,是妈妈的英文 mom 和一种鸡尾酒的名称 martini 的合成词,意思是"喝酒的妈妈"。那么,为什么会出现这样的一个新词呢?

美国某一郊外,悠闲的某一天下午,中产阶层住宅区里,五六位妈妈和她们的孩子一起举办了一次野外聚会。孩子们一边喝着橘子汁或吃着蛋糕，在庭院和游戏房里玩得正起劲，妈妈们则正在喝着马提尼酒，享受着她们自己悠闲的时间。这样的一幅画面就是如今在美国中产阶级中流行的一种聚会形式。

美国也有非常热心的妈妈们，被叫做"直升机妈妈"。韩国的孩子们是由学院的班车走街串巷来回接送他们，如果学院很近的话，孩子们就会走着去。但是美国是一个地域非常广阔的国家，只能是由父母开车把孩子送到运动场所或者游戏中心，所以妈妈们只能给孩子充当交通负责人的角色，不得不整天围着孩子打转，"直升机妈妈"的称呼也是由此得来的。这样的美国妈妈们，不知曾经何时开始更重视起自己的人生，正是这样的氛围制造了 Momtini 这一新词。虽然在孩子的面前喝酒被认为有些不妥，但是也不能否认这个词汇表达了美国的妈妈们的愿望，她们想从"直升机妈妈"中摆脱出来，想寻找属于自己的人生，这一点得到了很多美国妈妈们的同感。

韩国的母亲们为了孩子不得不给孩子充当教师、司机，甚至是大学入学考试分析家的角色；美国的妈妈们为了孩子不得不像直升机一样围着孩子打转。她们都需要从孩子的事情中脱离出来，思考一下或者找寻一下自己。因为只有妈妈幸福了，孩子们才能幸福。

07

孩子性格急躁
是妈妈的"功劳"

　　镇虎来到了我们的研究院，他是一个格外明朗、格外温馨的阳光少年。他给我的第一印象就是，他是属于那种用开朗的表情就能影响别人的孩子。检查过程中，他的表情一直很安逸也很快乐，这个检查过程是一个没有妈妈的陪伴，和第一次见面的陌生人单独相处的过程，同时也是一个能给孩子造成精神压力的过程，但是镇虎丝毫也不觉得拘束，非常自然，反而享受着这样的过程。我和孩子一起进行数学游戏的时候也是这样，好像对于镇虎来说答对答错并不重要，他好像是在享受这个接受提问、找到答案的过程，所以他一下子想到答案就高兴得欢呼，碰到比较难的问题，他又表现出与他的年龄不相符的慎重，没有回答出来，他也不气馁。

　　镇虎的妈妈看到孩子做完检查出来，没有问孩子"做得好不好"，而是一边问孩子"有没有意思",一边为了补偿孩子的辛苦,给了孩子一个温暖的拥抱。孩子的检查完了之后,我和孩子的妈妈进行了一对一的谈话,我感受到了这位母亲积极肯定的性格,我给镇虎的妈妈分析了孩子的优点,她也满脸笑容,给我讲了一些孩子生活的小插曲;我给她分析孩子的短处时,她非常认真地聆听我的分析,也向我咨询了一些她自身的问题。谈话过程中,她丝毫也没有为自己的立场辩解,也没有有意戒备什么,反而很自然地首肯别人的意见,表示出了诚恳的态度。

与镇虎不同,志远在接受检查的过程中,一直表现得局促不安。志远答对问题就非常高兴,答不出来自己就生气,碰到比较类似的问题,没有听完问题就抢着回答,总的来说,孩子的性子比较急,比较冲动,不能沉着应对检查,但是如果给他时间,鼓励让他重做,他就能找出正确答案。这个孩子给我的感觉是,他充分具备解决问题的能力,但是由于他的急躁,不能做好答题前的思考和准备。

志远的妈妈看到孩子做完检查出来,就非常担心地大声问孩子:"怎么样啊?你是不是又不愿意做,没有认真做呀!"我和这位母亲谈话的时候,也给她分析了对孩子的观察,志远的妈妈也觉得自己的孩子性子比较急躁,她自己也担心这是孩子的一个大问题。她说孩子在幼儿园已经出了名,如果什么事情不顺他的心,就先哭了再说,在家和姐姐玩游戏输了,他不管三七二十一就把游戏给搅了,看不到自己喜欢的电视节目,他也是经常大哭大闹。我也观察了志远的母亲,发现性子急躁的并非是孩子自己,妈妈的性子也一样,她也不能耐心聆听别人的话,听完前几句话就把话抢了过去,按着自己的想法继续往下说,所以一半以上的谈话时间,我们不是在说孩子的事情,而是在说妈妈的事情。

冲动的孩子和谨慎的孩子

镇虎和志远在自我调节的能力上表现出了很大的差异。镇虎面临挫折或令他生气的情况也能把自己的情感和行为调节得比较好，但是志远却做不到这些。孩子们像志远这样调节不好自己，有可能是与生俱来的性格使然，或者可以说，这样的孩子是情感和行动先于理智和慎重，但是父母的行为对孩子产生的影响，还是多于遗传的因素。

镇虎和志远的母亲都是属于溺爱型母亲，但是她们爱孩子的表现方式却截然不同。镇虎的妈妈是属于那种平时经常通过拥抱和抚摸等身体上的接触，用语言、表情和行动把爱表现出来的类型；志远的母亲对孩子的爱，则没能通过语言、表情和行动很好地转达到孩子身上，反而让孩子感受到了扭曲和变形的爱所带来的负面影响。

研究结果表明，妈妈的行为和表情确实影响孩子的这种自我调节的能力。根据美国亚利桑那州（Arizona）州立大学南茜·艾森博格（Nancy . Eisenberg)教授研究小组的研究结果表明，孩子小的时候，如果父母的育儿方式越是积极肯定和保持稳定，孩子的自控能力就越强（两年后的结果），不端的行为也越少(四年后的结果)。

艾森博格教授团队，首先给小学 4 年级孩子的母亲们观看了两种不同的幻灯片，一种是让人产生愉快的情感，另一种是让人产生不愉快的情感，然后要求她们把所看到的讲解给孩子们听。他们在这个讲解过程中观察了妈妈们的表现，观察了她们到底笑了几次，观察了她们的声调有多肯定和积极,观察了她们是否通过语言和身体语言很好地把爱表现出来了。他们接下来就要求妈妈和孩子一起根据要求折纸,他们要求妈妈尽最大努力帮助孩子,告诉孩子如果在规定时间内完成了折纸就有奖品。他们把这个过程拍摄下来进行了分析,分析了母亲和孩子的亲密程度,分析了母亲是否很好地通过笑容把肯定的情绪传达给了孩子,也分析了他们之间的谈话内容给孩子的情绪稳定起到了什么样的作用。

两年之后,他们又对这些孩子进行了一次调查,调查了孩子们的自控能力和注意力的集中能力(举例来说,观察了孩子们是否能集中自己的注意力来画画和读书);也询问了孩子们玩完之后需要集中注意力学习的时候,能否适当地转移他们的注意力;他们通过在箱子里的拼图游戏,评价了孩子们的调节能力——在这个游戏中,他们要求孩子们把放在大箱子里的拼图拼凑出来,还和他们约定好,如果在 5 分钟内拼凑出来,就给他们一个很好的玩具作为奖品。在这个实验中,孩子们的手是由一块布盖着的,他们看不到拼图,但是如果孩子想看的话,完全可以把布撩起来看一眼,他们计量了孩子们到底能坚持多长的时间不作弊。

再过两年之后,研究团体再一次以孩子的教师和父母为对象进行了一次调查。他们向他们提出了,"孩子撒不撒谎","孩子们对大人有没有攻击性的举动"等问题,分析了孩子们不端行为的程度。

研究结果表明,妈妈和孩子们在一起的时候,如果妈妈经常让孩子们看到笑容,让孩子们感受到积极而肯定的爱,孩子们就能更容易地把他们的注意力集中到课题上,更容易地进行自我调节,也能执著地坚持到底,而且撒谎或打仗等不端行为也很少发生。

妈妈越稳定,孩子就越能调节好自己的行为

如果父母的生活态度积极肯定,经常能向孩子们把他们的爱表现出来,孩子们就更能调节好自己的情感和行为。如果父母对孩子充满爱意,让他们感受到他们积极肯定的生活态度,孩子们从中也能学到这种生活态度和爱的表现方法,而且打仗或令父母生气的事情也会减少,不端行为也就自然减少,能够把他们的注意力集中在学习上。

举例来说,我们假设孩子把牛奶洒在了妈妈的衣服上,如果这位母亲是一位消极的母亲,就会对孩子大发脾气,"妈妈不是跟你说过喝牛奶的时候要小心吗? 看一看,这件衣服都成了什么样了? 你这样学习能学好吗? "如果这位母亲是一位积极肯定的母亲,她就会若无其事地对孩子说:"没关系,正好,反正妈妈的衣服该洗了。"孩子们看着妈妈们的这种反应,他们就会知道将来遇到类似的情况应该如何去应对。

孩子们如果是看着这种充满爱、积极向上的父母长大,就能像他们的父母那样善于调节自己的情感和行为,也能减少令他们生气的事情发生,很好地面对挫折,由此孩子们的攻击性行为等也能减少,不仅如此,因为孩子们的情感起伏不大,也能集中精力做好事情。与此相反,如果孩子们看着生活态度消极、动不动就大发脾气的父母长大,他们也会表现出类似的反应,遇到芝麻大点的事情就会生气发火,就会表现出攻击性的行为,所以这样的孩子出现不端行为的可能性很高,而且由于情绪不稳定也不容易集中精力做事情。

如果你觉得孩子爱发火、爱赖皮、爱哭,觉得孩子的性子太急,那么就有必要反思一下自己,想一想你的爱子之心是否通过你平时的话语,表情很好地传达给了孩子。

08

要明确告诉孩子
对与错的行为

　　孩子小的时候,妈妈短暂的外出也不是一件容易的事情。妈妈推着幼儿车,背着装有孩子各种必需品的大包,坐地铁、乘公共汽车,不一会儿仿佛累得就会变成泄气的气球,自己开车也是一样,如果孩子在安全椅子里哭闹的话,妈妈们就会分不清红绿灯。

　　但是,更令妈妈们犯难的一件事情,就是孩子到了外面,就比家里还难控制孩子的行动。孩子们好不容易出趟门,那可真可以说是目中无人,目中无妈妈,超市里什么东西都往购物车里装,哭着闹着要给他们买这买那,还没付账的商品他们也想拆开;饭店里他们不顾周围大人的冷眼,经常是又喊又跑。

　　无论妈妈为了这次难得的外出怎么梳妆打扮,只要孩子闹上这么一出,妈妈们的形象马上就会有变化。这样的妈妈们看着那些声音不大,但能几句话就能控制孩子的妈妈们,心里不禁生出好奇,好奇她们的秘诀到底是什么。

爱的表现也要有底线

有名的育儿行为专家鲍姆林德认为,一个理想的母亲既要善于表达对孩子的"爱",同时也要恰当地"管制"孩子,应该是一位民主型的母亲,但是"爱"和"管制"并不是一件容易的事情,因为妈妈既要把爱心表现出来又要尊重孩子,所以不知不觉中孩子就会左右母亲。如果妈妈过于严格管制孩子,她就会看到缺少朝气的孩子,那么到底什么样的方法才是两者都能兼顾的好方法呢? 让我们通过下面的例子具体思考一下吧。

熙舒和妈妈第一次参加我们中心的娱乐节目,他还没有去幼儿园,而且也是第一次经历这样的事情。熙舒的妈妈有些担心孩子是否能够听从老师的指挥,但是第一个活动还可以,孩子被老师讲的有趣的故事深深吸引住了,然后安排的是玩泥巴活动,孩子也玩得不亦乐乎。接下来问题就来了,孩子们应该按活动进程,进行下一个活动,但是熙舒说什么也不去,哭着嚷着要继续玩泥巴。老师对孩子说:"熙舒,我们去玩更好玩的去吧。"但是老师的话已经不起作用了。

面临在这样的情况,熙舒的妈妈能采取什么样的措施呢?下面是几种可能的措施:

情景一,"熙舒,这是怎么了,多丢人哪! 你看,小朋友们都在看着你呢! 如果你总是这样,下一次就不带你啦。"说着抱起孩子就走。

情景二，妈妈对孩子说："熙舒，你这样不行，赶快把掉在地上的泥巴捡起来收拾一下，然后跟妈妈去活动室。"

情景三，妈妈说："熙舒，你知道妈妈疼你吧？妈妈也知道我们家的熙舒喜欢玩泥巴，老师不让再玩了，非常生气吧？但是，你看一看，别的小朋友就因为你都在等着呢，都在看着你呢，多丢人哪！快走吧！"

情景四，妈妈说："熙舒，玩泥巴很有意思，对吧？妈妈也知道你想再玩一会儿，但是像你这样乱扔泥巴、大喊大叫是不对的。我们让小朋友们先走，我们在这里整理一下地上的泥巴吧。让妈妈来帮你，然后我们再去活动室和小朋友们一起玩吧！"

这些情景中，你和哪一种类型的妈妈最接近呢？你认为哪一种处理方法是最恰当的呢？

芬兰的奥诺拉博士研究小组在 2005 年对上面的情景进行了分析研究并发表了研究结果。这个小组以 5 岁到 6 岁的孩子和他们的父母作为研究对象，针对父母的育儿方法和爱发脾气、存在攻击性行为倾向等不端行为的孩子们，进行了调查研究。根据他们的研究结果，如果妈妈善于表达对孩子的爱，又能够明确地给孩子解释说明正确和错误行为之间的界线，孩子们在这类母亲的影响下长大，他们的心理状态稳定，不端行为也少。

因为你，妈妈觉得非常丢人

奥诺拉博士的研究结果中提到了一个非常有意思的现象，有的时候，虽然妈妈对孩子充分表达了她的爱，但是孩子的心理仍然存在问题。研究表明,这类的母亲平时经常对孩子说:"你知道就因为你,妈妈有多丢人吗?"使孩子产生负罪感,或者,采取了控制孩子心理的方法,经常对孩子说:"如果你总是这样,妈妈以后就不再喜欢你啦!"

我们把这个研究结果和上面提到的各种情景联系起来看一看吧。

情景一中,熙舒的母亲没能让孩子感受到妈妈的爱,也没能关注孩子当时的情感反而让孩子产生了羞耻感,还威胁孩子下次再也不带他来了,而且也没有具体告诉孩子在这样的情况之下应该怎么做才是正确的。我们可以把这一类型的母亲看做是爱的表达少,不管制孩子的行为却控制孩子心理的类型。

情景二中,熙舒母亲首先明确告知孩子发脾气乱扔泥巴的行为是不正确的,接着给孩子提出了具体地应该做些什么,但是没有关注或认同孩子当时的情感。从孩子的立场上来看,虽然爱的表达有些不足,但还是告诉了孩子乱扔泥巴的行为是不对的,明确地给孩子界定了什么是正确的行为,什么是错误的行为。我们可以说这类的母亲是属于那种爱的表达少,却严格控制了孩子行为的类型。

情景三中,熙舒的母亲表达出了对孩子的爱,而且关注和认同了孩子当时的感觉和情感,但是她让孩子意识到了别的小朋友们都在等着他,诱发了孩子对小朋友的负罪感和羞耻感。我们可以认为妈妈适当地表达出了对孩子的爱,但是采用了控制孩子心理的方法,让孩子觉得丢人,同时也没有告诉孩子应该做些什么,降低了控制孩子行为的程度。孩子们不能理解为什么妈妈爱我的同时又觉得他丢人呢?这种方法会打压孩子的朝气,他们的自尊心也有可能受到伤害,或者更能诱发孩子的火气,促使他们采取攻击性的举动。

最后，情景四中，可以看出妈妈首先理解孩子的心思，还有与情景三不同的是，明确言及了什么是正确和不正确的行为，再有就是没有诱发孩子的负罪感和羞耻感，采用了给孩子提出可行性方案的方法。根据奥诺拉教授的研究，在这四种情况中，最后一种情况里的孩子们出现的不端行为是最少的。

如果父母使孩子们为自身的行为感受到负罪感或羞耻感，或者使孩子们担忧失去父母的爱，以此达到控制孩子心理的目的，孩子们就会感到迷惑，造成孩子心理上的混乱。父母应该经常、充分地对孩子们表达他们的爱，同时还要让孩子明确地知道什么是正确行为，什么是错误的行为。

如果父母向孩子充分表达出他们的爱，孩子们就会从心理上得到安全感，他们会相信无论他做错什么，爸爸妈妈也永远会站在他的一边，而且父母还要帮助孩子们清楚地认识到，正确的行为和不正确行为之间的界限是什么，只有这样，孩子才能分辨对与错。

09

对散漫的孩子
说话要清楚简洁

"妈妈，我把作业本放家里了，我明明记得放进包里了。快给我送来吧！没有作业本我会受罚的。"

智云非常着急，给妈妈打来了电话，这样的事情在这个月已经发生了四次，昨天跟他说了好多次让他把作业本放进书包里，孩子总是把她的话当成耳边风，所以每次接到这样的电话，智云的妈妈都非常恼火。她恼火孩子为什么总是丢三落四，是不是觉得妈妈在家会 24 小时待命，打个电话就可以解决问题了？智云的妈妈每次把孩子的东西通过老师转交给孩子的时候，都觉得非常不好意思，自己倒成了犯了错的孩子，但是话又说回来，明明知道孩子会受罚，她说什么也得给孩子送去。智云的妈妈今天也像往常一样，拿起孩子的作业本就赶往学校去了。

"梓寿呀,你不做作业在干什么呢?"

梓寿坐在桌边已经有 30 分钟了,别的孩子十分钟就能完成的作业,他已经做了有 30 分钟了。梓寿碍于妈妈的脸色,勉强做完一道题就开始干涉起弟弟的画画来了,弟弟烦他,把他推开,他还是粘着弟弟对他的画画指手画脚。梓寿这样磨蹭半天,听到妈妈的训斥才重新开始读题,但是过不了多久,又想起了他的朋友智研的那支粉红色的笔,愣在那里想着"我也有一支那样的笔该有多好啊 ……这次的儿童节一定要妈妈给我买一个"。妈妈实在是看不下去了,忍不住又对他大声训斥了。

集中注意力有问题的孩子们

如果孩子们无法集中注意力,表现得冲动,无法安静下来,他们有可能就是注意力缺乏过剩行动障碍(ADHD)。每个班级一般都有一两名孩子表现出这样的特征,有注意力缺乏过剩行动障碍的孩子,尤其缺乏自我调节能力,做事冲动,想到什么就做什么,从不会考虑事情的好坏,就付之行动了。无论妈妈怎么提醒他,孩子总是反复相同的错误。

60 年代,我们把注意力缺乏过剩行动障碍或自闭症的主要原因归结为妈妈错误的养育方法,但是通过数十年的研究,我们知道了这是由于大脑化学作用方面出现了问题,所以如今对此疾病不仅进行心理治疗,而且也有很多时候采取药物治疗。

如果怀疑自己的孩子是注意力缺乏过剩行动障碍,你就应该首先接受专家的诊断,不能耽误,不要以为随着孩子年龄的增长就会有所好转。如果进行药物治疗,再配以父母和教师适当的沟通方法,进行教育和训练,症状就会有明显的改善。

智云和梓寿还不至于是注意力缺乏过剩行动障碍，但是他们确实存在注意力集中方面的问题。这样的孩子们注意力维持不了几分钟，对需要注意力的游戏或课题，他们适应不了。孩子周围发生的那些琐碎的事情，或者不需要他们费神的事情，很容易就能影响孩子，让他们想入非非，所以他们上课的时候很难把注意力集中到上课上，经常发愣，受到老师的批评。老师穿的红色衣服，就能激起这些孩子们接二连三的遐想，"哎呀！老师今天穿了一件红色的衣服，红色真好看！上回我穿来红色毛衣的时候，别的孩子也都说我漂亮……"

注意力缺乏，当然也会困扰孩子们的学习，即使是一道很容易的数学题，他们也不能集中注意力来完成它。他们也经常丢三落四，甚至连作业也会忘记。他们很冲动，不善于遵守规则，只会妨碍别的孩子遵守规则，生气了也不懂忍耐而很容易出现攻击性行为。他们也不是做什么事情都不能集中注意力，有些事情瞬间就能吸引他们的注意力，而且也会持续好几个小时，比如观看他们喜欢的电视节目或玩电脑游戏。

指令要简单明了

对于这样的孩子们，指令或表扬都要把他们的这种特性考虑进去，语言一定要简单明了。让我们看一看下面的例子，妈妈让孩子收拾玩具：

妈妈：好了，到了吃晚饭的时间了，收拾一下玩具吧。

孩子：(接着摆弄着他的玩具，装做没听见)……

妈妈：(生气)赶紧收拾呀！

孩子：不行！

妈妈：(妈妈开始替孩子收拾玩具)收拾好玩具才能吃饭呀，我们赶紧吃
晚饭才能去游乐园啊。

孩子：(一听到要去游乐园就开始收拾了)好吧！

妈妈：你一定要收拾整齐干净才行哟！这样下回玩的时候也容易找到，
是不是？要不然又像上一次那样，找不到玩具就乱发脾气了。你先
把那个油画棒收好，再把桌子收拾干净，然后把书包放到你的房
间里，知道了吗？

现在，让我们整理分析一下上面妈妈给孩子下达指示的方法吧。

第一，指示要具体。比如：你是可以说，"到了吃晚饭的时间了"。但是你
的指示最好是既直接又具体，指出孩子应该干什么，"到了吃晚饭的时间了，
把积木收起来吧。"你是可以用请求的语气对孩子说："把玩具收起来好
吗？"或者"和妈妈一起把玩具收起来吧"，但是你也可以说得更加简洁明确，
"把玩具收起来！"

我们再举另外一个例子，如果你对孩子说，"收拾一下你的房间吧"，那
么从孩子的立场上看这种指令，包含了数十种任务，孩子们就会觉得无从下
手，你的指示也就往往得不到贯彻，所以应该选出孩子首先要做的事情，给
孩子下达一个简短明确的指示，比如说，"把脱下来的袜子放到洗衣机里"。

第二，一次一个指示。你一次就让孩子做好几件事情，孩子就会觉得无
从着手，比如，"先把油画棒收起来，再把桌子整理干净，然后把你的书包放
到你的房间里"，孩子们就会不知道应该先做什么，或者觉得要做的事情太

多,所以最好是把孩子们能够完成的任务,一个一个地让孩子们去做。

第三,表扬孩子要做到及时和具体。你给孩子下达了一个具体的指令,如果孩子完成了,你就要及时而具体地表扬孩子。比如说,你让孩子收拾玩具,不要等到孩子全部收拾完了,你才进行表扬,应该在孩子开始收拾的5秒钟内就及时地表扬孩子。你要针对孩子优秀的表现具体地进行表扬,"你把玩具收拾了,真是好孩子",你的表扬不能模糊,一定要孩子认识到由于哪一种好的行为受到了表扬。

第四,不要啰嗦。比如说,孩子在收拾玩具的时候,你不应该接二连三地、不停地对孩子唠叨,"快些收拾!""要收拾得整齐干净""你昨天也没有收拾玩具,你知道妈妈有多辛苦吗?"等等。孩子已经在按照你的指令去做了,你再这么啰嗦的话,孩子以后就不再聆听妈妈的话了,所以应该尽量避免啰嗦,必要的指令一定要简洁。

10

适当的偏爱
不会给孩子造成伤害

"翰娜和她的哥哥太不一样了,翰娜的哥哥说话和认字都很早,但是她说话也晚,到现在还不认字。她的哥哥像她这么大的时候自己就可以读书了,……但是翰娜跳舞跳得好,她从小经常在教会听到赞歌就跳舞,将来有可能要培养她这方面的才能了。"

翰娜是我们研究院宗教活动小组的一员,今年3岁。这个小女孩不认生,第一次见到我就同我搭话,表示出了她的关心。录像的时候,她就可以在镜头前用手摆出"V"字造型,年龄虽小,但是社交能力突出。

翰娜的母亲曾经是幼儿园的教师,所以对孩子的教育很关心,尤其热衷于小学一年级儿子的教育。翰娜的哥哥像翰娜这么大的时候,她一天就是再忙也会抽出两个小时给孩子读书,两年之前还把工作也给辞了,不仅如此,她对于各种教育节目和信息非常了解。这些了解和关心都是针对于儿子的教育,为翰娜所做的事情就比较少了。她说翰娜的哥哥需要去的学院本来就很多,一天接送孩子再帮助孩子完成作业,就已经感到时间不够用了,也就没有余力再关心翰娜的教育问题了。翰娜的哥哥现在才小学一年级,但是这位母亲已经给孩子计划好了将来大学的专业和升学计划,由此可见,母亲的关心只集中在了儿子的身上。

兄弟
永远的竞争对手

如今,大多数家庭只有一个孩子,或者像翰娜家那样有两个孩子,这样的家庭很多。如果一个家庭有两个或两个以上的孩子,不经意间难免就会出现偏爱的现象。第一个孩子对于父母来说是一种全新的体验,就因为这个孩子父母第一次拥有妈妈、爸爸的称谓,孩子说话、起步、上幼儿园、上小学等等都会成为他们神奇而崭新的体验。正因为是这样,父母的关心和爱护自然就会集中到第一个孩子身上,孩子的成长过程会在父母的大脑中留下深刻的印象,孩子的照片也会多一些,给孩子买玩具或给孩子报学习班,首先想到的也是第一个孩子。

与此相反,第一个孩子就会成为第二个孩子的比较对象,"第一个孩子周岁之前就已经会走了呀……""第一个孩子说话很早呀……"。第二个孩子的起步或说话比第一个孩子快就不会受到父母特别的关注,但是如果比不上第一个孩子,父母就会认为"老大就是老大……",老二就会得到不公平的评价。在父母的眼里,与孩子的年龄无关,老二永远是一个比较柔弱的孩子,就会成为需要父母照顾的孩子。

哥哥嫉妒弟弟的情况也是存在的。我的一位朋友在第一个孩子上小学的时候有了第二个孩子,虽然老大也只是刚刚上小学的孩子,但是与刚出生的幼儿相比,在父母眼里已然是一个大人了,所以父母所有的关心自然就会倾注在老二身上,老大就会开始听到父母对他说:"都这么大了,自己连这点儿事情都做不了吗?"孩子就会从独占父母的地位一下子沦落到经常受到父母责骂的境地。据说心里委屈的孩子某一天说,"我们家有妈妈、爸爸和弟弟,还有一条小狗生活在一起"。孩子把自己的处境比做了小狗。

银浩明年都要上小学了,但是他有一个3岁大的妹妹。银浩的父母对儿子和女儿都一视同仁,没有偏爱儿子也没有偏向女儿,有好吃的就公平地分给两个孩子,无论谁做错事都会受到责骂。

但是,如今银浩的妈妈有了一个苦恼,银浩嫉妒上了妹妹,他觉得很委屈,"为什么不让我出去玩,还让我学习一个小时,怎么不让她也学习呢?""为什么有事总是让我去奶奶家呢?"

孩子们总是渴望自己能够独占父母的爱。父母有的时候不是要偏爱哪一个孩子而是会出现确实不能公平对待的情况,比如说,如果哪一个孩子身子比较弱或年龄小,父母自然就会多关注这样的孩子,这本来是理所当然之事,但是孩子不能理解这些,就会觉得父母爱自己少一些,会觉得委屈。

孩子的想法

那么,孩子们会在什么时候因为父母的偏爱产生不满呢? 孩子独占父母的爱,他会感到满足吗?

美国伊利诺斯大学的劳里·克莱默（Lawrie. Kramer）教授针对135名12岁和15岁左右的哥哥和姐姐们进行了调查。克莱默教授首先向孩子们询问了父母偏爱的程度，然后询问他们是否觉得公平，最后针对他们的自信心提出了一些问题让他们回答。

结果表明，孩子们大都认为他们的弟弟或妹妹得到了父母更多的爱，受到的责罚也更少，同时，也有78%的孩子认为这是可以理解的，也就是说，他们不认为父母站在自己的一方就觉得公平，偏爱其他的兄弟姐妹就认为不公平。

克莱默教授强调说，"父母是否唯独偏爱自己并不重要，重要的是父母的这种偏爱是否公平"，也就是说，如果自己觉得没有什么理由来独占父母的爱，反而就会成为问题。

"因为是哥哥"或者"因为是弟弟"所以父母分别不同对待，有时反而会是公平的。如果事事强调公平，那么判断标准就会变得模糊，也会成为问题。重要的是每当姐姐（哥哥）或弟弟的角色因为年龄或情况需要变化的时候，应该让孩子们充份理解其理由，也要让孩子们明白有了某种职责，就会有相应的特权。

我家的孩子年龄相差5岁，所以老大一直负责照顾弟弟，去游乐园必须要带着弟弟，在家也需要很多时间陪弟弟玩耍。老大偶尔也会向我抱怨，抱怨说他不能和他的朋友们一起玩耍，抱怨走路还都走不好的弟弟妨碍他的行动。

但是，老大也是享受了一些特权。我抱着孩子从医院回家的那一天，第一个抱孩子的就是老大，小朋友们羡慕得不得了。我怀孕住院期间，老大第一次不得不离开爸爸妈妈，到我的朋友家住了一周。无论是爸爸妈妈还是奶奶，把所有的精力都放在了刚刚出生的老二身上，所以老大完全有可能产生被忽视了的感觉。为了表扬孩子这一段的忍耐及牺牲，我专门给孩子准备了一个小小的节目，这是孩子参与弟弟的出生过程，自己付出的努力得到的补偿。

　　弟弟出生之后，我每周都安排了与老大的单独约会时间，我从单位早一些下班，和孩子一起去麦当劳。孩子非常期待着这个时间的到来，这个和妈妈单独相聚的时间，成为了孩子确认自身存在的时间。因为平时照顾年幼的孩子，也没能好好照顾他，这个时间对于妈妈来说也是一个非常重要的时间，可以给孩子一些补偿。

11

放弃通过游戏教育孩子的想法

"相俊,这个拼图看起来很有意思,不想玩一玩吗?"

相俊的爸爸递给孩子一块拼图让他试着拼一拼,孩子就非常努力地开始拼装,爸爸在旁看着着急,就开始动手快速地替孩子拼起来,很快就拼出来,自己得意得不得了。

敏骏的妈妈正在教 24 个月大的孩子怎么玩穿线游戏,她先给孩子做示范,"这样,一只手拿线,另一只手拿住扣,然后就这么一穿就行了。你来试一试吧。"

孩子接过钮扣和线,但是穿线并不容易,敏骏的妈妈看着难受就说道,"不是那样,应该一手拿线一手拿住纽扣,看好了,这样穿!"

敏骏的妈妈再一次给孩子做了示范,但是孩子用手握住线,想把线穿过去还是非常困难,孩子也就慢慢开始失去兴趣了。

优美的妈妈看见女儿在旁边玩穿珠子的游戏,看到孩子玩的方法不正确就忍不住对孩子说："优美呀，那个不是那么玩的，把珠子用线穿起了。你瞧，这么穿起来是不是很漂亮啊，你也试一试吧。"孩子听到妈妈的话就把手里的珠子往地上一扔说道："我不想穿项链！"然后转身拿起玩具水壶，玩起往杯子里倒橘子汁的游戏。优美的妈妈看着女儿，心里觉得真是可惜，觉得作为一个优秀的母亲看到孩子们玩游戏，就应该积极参与进去，想尽办法教会孩子一些东西，但是孩子连理都不理真是让她既郁闷又沮丧。

很多的母亲也像优美的妈妈那样，千方百计地在孩子的游戏中教会孩子更多的东西，觉得错过这样的机会非常可惜。通常妈妈们教孩子一些单词、数数的方法、孩子关心的颜色名字等等。如果孩子玩耍的时候非常自然地教孩子们学习一些单词、数数的方法等，原本是不成问题的，但是如果你妨碍孩子们玩游戏，非要教他们一些东西不可，情况就不一样了。优美拿着玩具水壶玩过家家的游戏，玩得正起劲儿，她的妈妈却要通过穿项链的游戏，教会孩子数数的方法。妈妈教育孩子的欲望，使她没有考虑到孩子当时的想法和兴趣，很快就会导致孩子对游戏失去兴趣。

游戏变得没有意思的时候

孩子们的游戏就是他们的学习。优美拿着玩具水壶往杯子里倒果汁的时候，大脑正在想象着看不见的果汁，虽然是看不见的果汁，但是在孩子的想象中倒不好它，也可以溢出来，也可以把桌布弄湿。18个月大的孩子们才能开始玩这种想象的游戏，这与孩子的语言能力发展有着密切的关系，是孩子的成长过程中一个非常重要的活动。优美通过这样的游戏，正在体验智力发展的一个过程，但是她的妈妈却为了教会孩子数数的方法而妨碍着孩子的游戏。

敏骏正在学习穿线,他正在通过不同的尝试,学习眼睛和两手的协调能力,穿线游戏,需要孩子用大脑控制眼手协调的部分得到发展,才有可能做到。虽然在大人眼里这只是一个懂得方法就能做得到的非常简单的活动,但是对于大脑还没有发育完全的孩子来说,这是一个通过数百次的操练得到协调能力,才有可能完成的工作。

相俊手里拿着拼图,也是在进行重要的学习,他正在比较手里的拼图块和拼图盘里的各种形状,找到了相应的位置,还要考虑放置的方法,这种拼图游戏对于大人来说是非常简单的,但是对于相俊来说是学习如何"比较"的机会。

就像如此,大人眼里非常简单而单纯的孩子们的游戏活动,对于孩子们来说是最重要的实验活动,也是学习的机会,特别是这种实验和学习不需要担心失败所带来的负面影响,孩子们可以全身心地投入到游戏中去。

但是,如果家长介入其中,企图教孩子游戏或活动的方法,或者对孩子们的游戏指手画脚,就会出现问题了。 孩子们的注意力就会从游戏本身慢慢转移到家长们的评价,就会产生压力。就像前面提到过的敏骏一样,如果孩子总是穿不好线,妈妈在旁边唠唠叨叨的话,孩子就会再也不愿意玩这种游戏了。

孩子们是在游戏中进行学习

如果想把孩子们的各种游戏当做相应的有针对性的教育手段, 你首先有必要好好观察孩子们的游戏。父母不应该只看到孩子们的游戏就忙着教育孩子,应该观察出游戏中的哪些部分需要帮助,比如说,因为孩子们的手指肌肉尚未发育完全,所以才会用手掌拿线,所以你不应该给孩子做穿线的示范而应该想办法操练孩子们用手指拿线;孩子们进行拼图游戏的时候,父母不应该代替孩子来拼图,而应该耐心地慢慢教会孩子们如何进行比较,教给他们比较的方法。

有的时候,只要父母摒弃通过游戏教育孩子的想法,对孩子们的游戏表现出关心就已足够了。孩子们在游戏中学到些什么父母才能感到满意,但是试图教孩子们一些不符合他们水平的东西,孩子们的游戏学习就会终止。父母只要对孩子的游戏表现出关心,参与到游戏中去,孩子们就会自己思考,反而会在游戏中得到学习。

比如说,父母可以对孩子说:"相俊,看来,你是在比较拼图块和拼图盘,想找出正确的位置吧?"或者说"用手握住线是很难把线穿过去呀",以描述孩子当时的动作来表现对游戏的关心,孩子们就会认为父母对自己的游戏感兴趣,会和他们一起来解决问题也就不会产生焦虑感,就会一步一步进行思考找出解决的方法。

如果像优美的妈妈想教会孩子数数的方法,首先就应该观察孩子的游戏再参与到其中去,一边和孩子一起往杯子里倒果汁一边说,"优美,来了两个朋友啦,给倒两杯果汁吧",可以很自然地尝试教会孩子数数的方法。

父母陪着孩子一起玩耍的方法非常简单,只要父母摒弃试图通过游戏教育孩子的想法就可以做到,还有就是父母要退到孩子的身后来关心孩子们的游戏。

12

减少零食
孩子们才能好好吃饭

　　智宇今年 7 岁,他不爱吃饭,所以吃饭时间就成了智宇和妈妈两个人最痛苦的时间。妈妈把饭菜摆好后,前 10 分钟孩子还是做出吃饭的样子,但是接下来就会对吃饭失去兴趣,就会满屋子转悠,所有的事情他都想管一管,所以智宇吃饭通常需要一个多小时。

　　虽然智宇的妈妈很能理解孩子,但是每当精心准备的食物被孩子拒绝的时候,也免不了伤心生气。如果智宇剩下几口饭没吃,她就唯恐孩子营养不够,跟着孩子屁股喂孩子,但是孩子不顾喂到嘴里的饭菜,仍然热衷于其他事情,甚至有的时候还装出肚子疼的样子,或者装出要吐的样子。如果孩子没有把饭菜吃完,智宇的妈妈知道孩子爱吃零食就让他吃地瓜、水饺或冰激凌,只有这样她才能放心。孩子喊着肚子疼,但是一听到让他吃酸奶或冰激凌,就会若无其事地把弟弟的那一份也都吃没了。

银星对食物非常挑剔,凡是对身体有好处的胡萝卜、蔬菜等都会挑出来或者干脆就不吃了,所以要想给孩子吃蔬菜,必须切得非常细才行。孩子也不喜欢吃肉,有一次,全家去了一家非常有名的中国水饺馆,孩子吃了一口,就皱着眉,吐出来了,大人也没有告诉孩子这是猪肉馅的水饺,但是孩子一吃就能吃出来,真是神了。不仅如此,孩子把炒饭和炸酱面里的猪肉也都能挑出来了,喊着自己不喜欢吃猪肉,就干脆不吃了,光喝可乐了。全家人由于银星的缘故,也没有吃好,只好领着孩子又去比萨店吃比萨了。

孩子们为什么不爱吃饭呢?

很多孩子也像智宇和银星一样,对食物非常挑剔。如果孩子们不好好吃饭,妈妈们就会担心孩子们的营养不均衡,担心孩子的个子,担心孩子大脑的发育。如果孩子们偏食或不好好吃饭,妈妈们就会把责任揽到自己身上,甚至有些妈妈还给孩子喝中药,但是中药也起不到立竿见影的效果,结果妈妈们还是担心。

有一些妈妈们有了想给孩子吃的食物,就邀请孩子的朋友们一起来吃,因为和朋友们一起吃,孩子多少也会吃一点;还有一些妈妈为了做到能够让孩子随点随吃,平时就准备好各种各样的食物。

根据某项研究结果表明,6岁以下的孩子中,有40%的孩子挑食,不好好吃饭。孩子们挑食,不好好吃饭,其实是孩子成长过程中一个正常的现象,孩子出生后的一年时间里,孩子们的体重和个子得到迅速的成长,体重达到刚出生时的三倍,10公斤左右,个子多高出30厘米左右,但是一年以后成长的速度就会开始放慢,体重每年增加 2~3 公斤,个子每年增高 5~7 厘米,与孩子成长初期相比需要的热量也会减少,孩子们的食欲也会自然下降。

还有,3~5 岁的孩子都对新事物持有警戒心,对身体上的刺激非常敏感,这样的孩子们尤其不愿意尝试新的食物,即使是同一种食物,烹饪的方法有了变化,他们也会拒绝进食。

孩子们不会妈妈给什么就吃什么,而是喜欢通过按自己的愿望挑选食物的行为,来表现出他们是一个独立的个体,所以相比之下,如果体重上没有什么特别的差异,就不应该对孩子的挑食、不好好吃饭做出过激的反应,因为孩子们到了小学阶段,这种现象大都就会消失,如果过于强迫孩子,反而真的会让孩子们讨厌吃饭时间和食物了。也有些孩子到了幼儿园,和其他的孩子一起进食,就会改掉偏食的习惯,也就不再挑食了。

让孩子们好好吃饭的方法

如果孩子不爱吃饭,你可以尝试一下下面的方法,情况会有所改观。

1. 吃饭前减少零食

孩子们的胃要比我们想象得还要小,只不过有孩子拳头那么大,孩子到了 3~4 岁,他们的胃与婴儿时期相比,也只不过大了十分之一左右,所以孩子适当的饭量远比大人们想象得要少。如果孩子们在饭前吃了再少量的零食,也会减少他们的食欲,所以饭前 2 小时不应该给孩子吃零食,要把他们的胃空出来。

2. 只要孩子到了可以使用勺子的年龄,就应该让他们自己进食

如果妈妈给孩子喂饭,孩子就会把注意力集中到电视或游戏上面,吃饭时间当然就会延长,所以吃饭时间应该关上电视,培养孩子们坐在固定的地方,自己慢慢进食的习惯。如果过了 30 分钟,孩子仍是不吃饭,就应该把食物撤掉,不再给孩子进食,这也是一个不错的方法,孩子们饿了几顿,反而能使他们吃得更香。孩子们就是不吃饭,他们一天吃的零食,就已经能给孩子们提供身体所需的卡路里,所以如果孩子剩饭了,你也没有必要追着孩子喂饭,应该致力于培养孩子们养成在规定的时间内,自己集中进食的习惯。

3. 增加活动量

孩子们平时活动量少,也是他们感觉不到饥饿的原因之一。如果你感觉孩子吃得不多,他们也不觉得饿,就意味着需要增加孩子们的活动量。你应该让孩子们进行各种各样的有趣的活动,消耗他们体内的能量,适当地增加孩子们的运动量。

4. 尝试多样的烹饪方法

如果想让孩子们吃一种新的食物,就需要 15~20 次的尝试。有的孩子不喜欢吃胡萝卜,有的不喜吃欢豆,有的不喜欢吃海鲜,还有孩子不喜欢吃咸菜等等。对于这样的孩子,你也不能轻易放弃这些食物,最少应该尝试 2~3 次。妈妈应该有耐心,采用不同的烹饪方法,给孩子提供多次尝试的机会,尤其是那些味觉和嗅觉敏感的孩子们, 就更应该有必要采用不同的烹饪方法。 如果孩子曾经因为某种食物拉过肚子,或者有这方面的记忆,对这种食物的厌恶感就有可能持续一辈子, 这个时候, 就应该通过不同的烹饪方法,帮助孩子抹掉对这种食物的不愉快的记忆。

第 二 章

管制型母亲

——"妈妈怎么说，你就怎么做！"

checklist

细读下列各项，觉得符合自己情况的就用√作出标记，最后相加得出最终分数（每项 1 分）。

1. 孩子表现得没有礼貌，你就拿责罚吓唬孩子。 ☐

2. 孩子应该绝对服从父母。 ☐

3. 孩子为了自身的健康成长，应该对父母有所惧怕。 ☐

4. 养育孩子的时候，强调"大儿子""大女儿" 角色的重要性。 ☐

5. 对孩子的想法应该了如指掌。 ☐

6. 为了家庭的秩序，各种不同种类的规则和纪律是必须的。 ☐

7. 再微不足道的事情也应该从小一个一个地教给孩子。 ☐

8. 认为孩子是不可以违反规则的。 ☐

9. 父母和孩子的价值观要一致。 ☐

10. 尽量让孩子们在家里玩耍和学习。 ☐

11. 平时不能放任孩子，应该严格管制孩子。 ☐

12. 积极帮助孩子克服不好的行为和习惯。 ☐

总分：_____

结果分析

0~3分　　你很有可能不属于管制型母亲。

4~7分　　你具有很多管制型母亲的特征,希望仔细阅读这一章,找到改善的方法。

8~12分　　你是典型的管制型母亲,为了改善与孩子的关系,有必要尝试不同的育儿方法。请仔细阅读这一章,希望能够避免管制型母亲常有的失误。

玄凤的妈妈最近觉得养育孩子更吃力了。小时候很听话,非常乖的孩子最近不知怎么了,开始经常向她举反旗了。上个星期天,玄凤的妈妈让孩子倒垃圾,孩子就举反旗了,甚至向她宣布,以后再也不干了,孩子说:"妈妈为什么总是独断独行呢?""妈妈为什么总是指使我呢?"开始对妈妈说的每一句话提出质疑了。

玄凤的妈妈经常向邻里夸耀自己的孩子有多听话,有多乖,心里总是很得意,觉得"我教育孩子还是不错的,养了一个不错的儿子",但是就因为这件事情,她的自尊心受到了很大的伤害,所以最近觉得什么事情都烦。玄凤的妈妈确实认真思考了"我到底做错什么了呢?"但是得不到答案,甚至开始忧虑和恐慌,不知道以后如何教育孩子了。

"去把柳条拿来!妈妈是不是跟你说过逃学就要挨打?逃不逃学了?还敢不敢了?"

淑珍的妈妈因为孩子没有上钢琴课和同学们逛了街,就要打孩子作为惩罚,如果像以前,孩子早就哭着求饶了,但是现在孩子的表情非常坦然,看着这样的孩子,淑珍的妈妈反而有些不知所措了。淑珍的妈妈一直认为,父母的责任就是应该教育孩子什么是正确的事情,如果孩子违背了就应该惩罚孩子,而且这种方法一直都很有效。得益于这种教育方法,周围的人都常常夸淑珍和弟弟是有礼貌的好孩子。淑珍的妈妈看着那些在公共场所又跳又闹的孩子,就觉得"这些孩子的妈妈在那里做些什么呢?"

但是,最近不知道是为什么,这种方法失去了它原有的效果。孩子已经挨了三次柳条,但是还是若无其事,他的表情仿佛是在说"想打就打吧"。淑珍的妈妈看着已经长大了的孩子,甚至担心如果孩子抢过柳条和自己对抗起来,自己该如何是好。照这样发展下去,只要孩子能够默默接受惩罚,她就该感谢孩子的日子也为期不远了。

□　□

　　玄凤和淑珍的母亲,属于典型的管制型母亲。管制型母亲对待孩子非常严厉,经常给他们下达要求和指令,她们觉得为了孩子将来能够很好地适应社会,从小就应该熟悉一些纪律和规则,应该顺从父母,尤其不能做那些损害他人利益的事情。她们认为应该优先给孩子提供明确的规则和井然有序的环境,认为孩子们就应该无条件地服从这样的父母。他们更加强调结果,认为应该隐藏妨碍孩子有效完成任务的情感。

　　父母和子女的关系中,他们认为父母的权威是不容侵犯的,孩子不遵从父母的指令是不恰当的,所以他们通过对孩子的奖励和惩罚,来管制孩子们的行为并督促他们达到目的。

　　与此相反,他们并不重视要求孩子的协助,不重视与孩子进行协商,也不重视对孩子的诱导。

　　这种管制型管理方法,传统上是企业或军队等男性组织惯用的管理方法,所以通常是父亲所采用的方法。由于大多数的父母在学校接受的就是管制型教育,所以母亲身上也大都会体现出一些管制型教育的特征。

　　管制型父母教育下成长的孩子们,从小就养成了遵守规则和秩序、自我节制的习惯,所以他们是在周围人的赞美声中长大。因为这样的孩子们善于调节自己的行为,善于自我节制,所以一般在学校他们学习好,听老师的话,是模范生。

　　但是，如果依据父母的价值观来管制孩子，效果就会不佳。如果父母的管制过于严厉，父母的指令或规则就会统治孩子们的行为，孩子们的自理性就会降低，很容易使孩子们失去自信心。孩子们会把所有的人际关系，理解成上下级的关系，或指示和服从的关系，反之形成朋友之间平行的关系，就会遇到困难。举例来说，这些孩子们就会缺乏与大多数的意见和不同意见进行协调的能力，他们甚至会认为这种调整和妥协根本就没有必要。

　　管制型这种方式非常适用于我们国家以前的工厂,那个时候的工厂需要很多的工人井然有序地进行大量的生产,但是今天的社会,除了规则和自我节制能力之外,更需要的是自律能力和自信心,还有个人的创新能力,工作能力,应付潜在问题的柔韧性,再有就是团队精神,所以管制型父母既然按照他们自己的价值观来管制孩子,应该也对孩子们的想法和反应敏感。

　　虽然使孩子们明白规则,给他们设定规范是必须的育儿方法,但是同时也要让他明白规则是可以变化的。为了做到这一点,我们不应该无条件地强求成长中的孩子们遵守规则和纪律,应该给孩子们通俗易懂地耐心解释规则所能带来的好处,还要听一听孩子们的观点,需要一个与孩子一起制定、调整规则的过程。

01

只有大喊大叫、打孩子
家里才能变得安静吗?

宇鑫不愿意到活动室里活动,已经闹了10多分钟了,好不容易把孩子哄进活动室,我就问宇鑫的妈妈养孩子累不累。宇鑫的妈妈个子不高,但是看起来非常结实。

"还可以,在家里孩子怕挨打,很听话,但是在外面就有些困难了,因为在外面孩子不听话,我也不能打孩子呀。"

"看来,宇鑫的妈妈对孩子非常严厉呀。"

"啊,我呀?是,我是对孩子有些严厉。我认为孩子是不能溺爱的,不能放任他们,还有就是我绝对看不惯,孩子把屋子弄得乱七八糟,父母应该从小让孩子们养成整洁的习惯。"

"妈妈,一起踢球吧,我把球踢过去,妈妈接球。开始喽——"

孩子可能觉得自己玩没意思了,就求着妈妈和他一起踢球,但是妈妈由于忙于做家务,没有时间陪孩子玩耍。在孩子的再三要求下,妈妈没有办法,就让锡源的哥哥陪弟弟踢球,但是太源正在全神贯注地玩着用沙子垒沙城的游戏,对于妈妈说的话就装做没听见。宇鑫听妈妈这么说,就把球踢向哥哥,太源就冲着弟弟发火了,锡源看了一眼哥哥的眼色,又把球踢向哥哥,结果就把哥哥好不容易垒起来的沙城弄坏了。太源非常生气就冲过去,打了弟弟,两个孩子就扭在一起厮打起来了。最后是两兄弟的屁股挨了妈妈的打,这场兄弟之间的战争才平静下来。

从小就应该严格要求孩子!

妈妈们从前辈妈妈们那里经常听到的一句话就是,"孩子从小就应该严格要求,不能被孩子牵着鼻子走"。 这句话很有道理,尤其是等到孩子三四岁,他们开始有自己的主意了,妈妈和孩子之间争夺主导权的战争就开始了。妈妈想完全支配孩子,孩子就会不断地向妈妈的极限发出挑战。 这个时期,最主要的问题就是方法问题。妈妈们开始苦恼,到底是应该对孩子大声斥责,打孩子,采取这些武力的方法有效,还是采取对话的方式来解决问题? 再有是否应该先制定出规则,孩子们触犯了这些规则,就给予相应的惩罚,还是等问题出现之后侧重于对孩子的惩罚上?根据父母所采取的不同方法,孩子们就是同样挨打,所受到的教育也会不一样。

锡源家的事例具有一定的普遍性,我们都说兄弟之间是打着仗长大的,孩子之间的这种表现并不重要,重要的是父母如何应付这样的情况。因为父母的态度,决定孩子之间的矛盾是否会重复出现,是否会激化这种矛盾,今后是否能友好相处。

锡源家的情况就是父母和孩子们正在相互激化矛盾,正在形成恶性循环。锡源的妈妈和孩子们正在互相让对方认识到,大声叫嚷和打人的方法远比表扬和对话的方法有效得多。锡源的妈妈平时不理孩子们,但是一旦孩子们打起来了,就立刻表示出她的关心,孩子们通过这种反复的打闹,无意识当中就会认为只要他们哭闹和打仗,妈妈就会关心他们。太源也认识到弟弟烦他的时候,打弟弟或对他大声斥责,是一个行之有效的方法,锡源的妈妈也认为一次体罚,比得上一百遍的说教。

如果这样的现象反复的话,为了得到相同的效果,强度就需要不断加强,也就是说,孩子们为了得到妈妈的关心,打闹的声音和程度要比以前有所提高;太源也为了制止烦他的弟弟,使用更进一步的暴力;妈妈也为了平息孩子们的纠纷,需要采用更加严厉的惩罚。这样,一家人在一起的时间就会充满大声斥责和体罚。

如果孩子们从小学到为了得到自己想要的东西,就大声叫喊和打人要比表扬和对话更有效,在幼儿园或者学校,也会试图采取同样的方法来得到他们想要的东西。周围的朋友们逐渐就会认为他是一个有问题的孩子,孩子就会不能适应学校的生活,不能融入到学校集体的生活。

还有一些父母像宇鑫的妈妈一样,相信孩子们从小就需要遵守纪律和规则。因为宇鑫的奶奶非常溺爱和放纵她的这个第一个孙子,所以宇鑫的妈妈认为自己不得不严厉管制孩子,还认为行之有效的方法就是体罚,但是问题是就像今天出了家门,就无法使用武力。与同龄其他的孩子相比,宇鑫不是一个特别淘气和散漫的孩子,反而行事缺少自信,更加小心翼翼,在幼儿园受到女孩儿们的欺负,哭了也不止一两次,宇鑫的妈妈也觉得在外面管制孩子非常困难。

父母是孩子的榜样

孩子首先是从父母身上学到将来社会生活所需要的智慧,比如,表达自己愿望的方法、如何避开自己不喜欢的事情、对朋友表达好感的方法、吸引对方注意力的方法、对朋友道歉的方法等等,都是在与父母的交流中学到的。

但是,像锡源那样,从小学到的是采用大喊大叫或打人的方法来得到自己想要的东西,这样的孩子不会跟朋友说,"和我一起玩吧"或"我想和你一起玩",他们会采用打小朋友之后逃跑,或妨碍小朋友们的游戏的方法,来表达自己对他们的好感。这样的孩子在觉得对不起朋友的时候,也找不到适当的道歉方法,反而会采取武力的方法,也就是会采取正相反的方法来解决问题。

像宇鑫那样,从小就学到做错事情就会挨打,但是很多孩子们挨着打也并不知道自己究竟错在哪里,这样孩子们很有可能经常审视自己的行为是否正确,做事小心翼翼,或生怕挨打,孩子就会很在意父母的脸色。这样的孩子做事缺少自信心,也不会觉得什么事情有趣,因为他们除了能引来挨打的事情之外,别的事情引不起他们的兴趣,甚至他们有时会认为,改正自己的错误还不如挨打。

但是,有些孩子,从小就从父母那里学到了表达爱和感激之情的方法,这样的孩子会悄悄走进自己喜欢的小朋友们说："你想和我一起玩吗？"对犯了错觉得不好意思的小朋友们也会说，"没关系"，知道如何安慰朋友，妈妈不拿棍子打他，他也会对所有的事情感到好奇，觉得有意思，所以他的成长是快乐的。

你盼望自己的孩子成为什么样的孩子呢？你是希望你的孩子使用错误的方法来表达他们的心意，招致朋友们的孤立，还是盼望他们有一颗关怀别人之心，受到朋友们爱戴呢？你希望你的孩子为了躲避挨打，做一些他们并不喜欢的事情呢，还是希望他们做事出于他们的本意呢？解决这些问题的钥匙就在我们父母的手中。

02
如果强迫小斯皮尔伯格成为法官，
那会发生什么样的事情呢？

　　父母都会好奇自己的孩子到底具有什么样的潜在能力。我对此进行了长期的研究，孩子的父母也经常问我，如何才能挖掘孩子们潜在的能力，我问他们理由，他们回答说，他们想早点发现孩子的潜在能力，培养他们的这种能力。这真是令人鼓舞的现象。

　　观察如今的孩子，他们从小只能努力学习，到了高中才能选择文科或理科，然后才开始考虑大学的专业。他们小时候有过很多的理想，但是真正面临选择，摆在他们面前的选择并不多，他们为找不出真正吸引他们的专业而苦恼，这就是孩子们如今的情况。

　　根据统计表明，以 2006 年 3 月为基准，失业的大学毕业生超过了 32 万。韩国职业能力开发院预测，10 年后市场消化不了的大学毕业生将会超过35万。看来,将来这种现象会持续,大学毕业生将会找不到工作或找不到满意的工作。那么,在这样的情况之下,父母如何做才能使他们的孩子长大成人之后,幸福地工作并获得成功呢?

斯坦博格的三种思考形式

美国耶鲁大学的斯坦博格 (Robert . Sternberg) 教授是以智能研究而闻名,他主张个人在社会上的成功,不仅和自身的能力有关,而且与每个人所固有的思考方式有关。他以自己的理论为基础,把孩子们分为相当于立法部、司法部和行政部角色的三种思考类型。

首先立法部类型的孩子,不会盲从别人的指示,他们会提出自己独特的想法,想出与众不同的方法。这样的孩子适合从事创造性职业,但是在学校,由于他们提出与老师不同的想法,个人行为突出,所以有可能不受欢迎。

比如说,比尔·盖茨就属于这样的类型。他的事业起步于 1980 年,如今已经日常化了的个人用电脑,在当时连正式的概念都没有,但是他就预测了,将来一人一台电脑的时代,开始了他的创业,如今发展成了全世界 90% 的个人电脑都在使用微软公司的产品。像比尔·盖茨这样的立法型孩子具有创新精神、不断寻求变化的性格。

还有斯蒂芬·斯皮尔伯格,也是这种类型。他自小便喜欢冒险与幻想,又勤于思考。12 岁生日那天,其父送给他一架袖珍摄影机,这使他对拍电影着了迷。从此他走上电影之路,21 岁就成了导演;他用他的丰富的想象力和深刻的洞察力,创造了电影的奇迹,成为电影界的天才。

然后就是行政部型孩子,这样的孩子在一定的规则和模式下,能够充分发挥他们的才能。这样的孩子在学校是模范生,走进社会就会承担执行事务的角色,并能取得成功。

联合国现任秘书长、韩国前任外交部长官潘基文就属于这一类型。他从小学开始一直就是班长,一直是全校第一,是个模范生,而且具有非凡的英语实力,参加了世界英语辩论大赛获得了二等奖,得到了当时的美国总统肯尼迪的会见。他的这种经历决定了未来的梦想,让他决心成为一名外交官,而且最终实现了自己的梦想,成为了地球村最高的外交司令官。

最后是司法部型孩子,这样的孩子不会把规则和体制按它原有的内容接受,他们拥有出色的批判和分析的能力。韩国的学校体制一般对这一类型的学生不够宽容。像学者那样,从事已有理论的分析和批判工作,批评家、法官等具有这一类型的思考方式。

地球中心论普遍被人们接受的年代,伽利略主张了地动论,遭到了宗教的审判,他就属于典型的司法部型的思考类型。这样的人只要自己认为是正确的,无论别人说什么,该说的话一定会说,该做的事一定会去做,从批判和分析的角度对待任何事情。

能够出色完成任务的孩子
和寻找创造性方法的孩子

自己选择的专业和职业只有和自身的思考类型相符合,你才能愉快地学习和工作。韵珠女士就是属于这样的情况,虽然她毕业于名牌大学的建筑系,但是她选择从事的职业却是秘书。临近大学毕业的时间,周围的人就劝她不能扔了自己的专业,应该找一份建筑设计或装潢的工作,但是经过在装潢行业实习之后,觉得自己不太适合从事建筑行业。她的父母非常了解自己的孩子,觉得孩子的专业与思考类型不符,就劝孩子寻找一份秘书的职业,通过一个偶然的机会,韵珠真的就找到了一份秘书的工作。人们都为她这些年的学习感到惋惜,但是韵珠本人却在工作中体会到了前所未有的兴趣,找到了充分自信的生活态度和充满活力的生活。

韵珠女士之所以觉得,幸福不是因为秘书的工作比建筑工作更容易,而是因为她找到了与自身思考类型相符合的工作。她不适合从事创造性的工作,也就是说,她原本就不属于立法部型思考类型,她的思考类型属于行政部型,善于有效地完成一定规则和模式下的工作。

有些情况也正好相反,我在美国读书的时候,一位叫做马太的学生来到了我们的研究室担任秘书工作。虽然他的专业不是心理学,但是他非常聪明,主意也多,是一个性格积极的学生。他的工作就是整理材料,需要按照既定的顺序工作,是一个非常简单的工作。马太按照他自己的工作风格开始了工作,他尝试了一些新的方法,有些要比原来的方法效率高得多。有些工作虽然有更好的方法,但是也要符合一定的规则,比如写论文一定要符合学校的要求;申请研究经费哪怕效率再低,也一定要走政府规定的流程。虽然不是出于马太的本意,但是在这一方面马太经常出错,于是研究室的教授,就劝他做一个研究助理,他本人也欣然同意。研究助理的工作需要创造性的思维,应该是由立法部型思考类型的人从事的工作,马太作为研究助理,开始发挥了他真正的才能。

就像这样,不知道自己的思考类型,选择了不适合自己的专业或职业的大有人在,有些人考入了名牌医科大学,但是中途退学重新报考教育大学;有些人大学毕业后从事与专业无关的工作。孩子们这种错误的选择与父母也有一定的关系,当孩子作出错误的决定时,有时父母会起到推波助澜的作用。

父母的态度

缔造孩子的思维类型

孩子思考类型的形成既跟本人的性格有关也会受到父母的影响。举例来说，如果父母属于立法部型思考类型，就会存在看轻司法部型和行政部型的倾向，就有可能无意间促使孩子形成立法部型思考方式。父母和孩子之间的对话方式也会影响思考方式的形成，比如说，如果父母鼓励孩子们提出的问题，然后问他们"你是怎么想的？"让他们试着自己寻找答案，在这种对话方式的影响下，孩子们很容易就会形成立法部型思考方式。与此相反，如果孩子回答自己或父母的问题时，让他们对事件或事物进行分析和评价，孩子们就会容易形成司法部型思考方式。如果父母平时经常使用分析和评价的语气，比如说，"A 有这样的长处，但是也有如此的短处"，孩子们很自然就会熟悉司法部型思考方式。如果父母对孩子们提出的新想法不进行奖励，而鼓励孩子在特定的条条框框下，采用更加有效率的方法完成课题，孩子们容易形成行政部型思考方式。如果经常问孩子，"作业做完了吗？""该做的事情都做完了吗？"或回答孩子的问题，"那是规则，所以按规则来"，就会促使孩子们形成行政部型思考方式。

只有职业与自身的思考类型相符合，我们才能快乐地工作，我们的事业才能取得成功。如果你是一位充满智慧的母亲，就应该首先挖掘出孩子独特的思考类型，千方百计让孩子们发挥他们的这种长处。父母们应该经常反省自己，反思一下自己，是否在强迫小斯皮尔伯格成为法官，是否在强迫将来能成为比尔·盖茨的孩子成为医生。

03

万事首先想到的是孩子
你也是过分保护孩子的母亲?

● 自己独处的大部分时间想到的是孩子问题。

● 孩子忘记携带作业或东西,你就给孩子送到学校。

● 万事首先想到的不是自己或丈夫而是孩子。

● 父母认为应该了解孩子的一切事情。

● 孩子游手好闲的时候,如果不给孩子找点事做,就会觉得不安。

　　大多数的母亲对于上面问题中的一两个问题肯定会回答"是的",如果回答都是否定的,有可能就会觉得自己做得不够好,觉得对不住孩子。那么,上面的问题能不能成为评判一位好母亲的标准呢?答案正好相反,如果你对这些问题都有同感的话,最好反省一下自己是否在过分保护孩子。

母亲
全天候解决问题的大师

东浩是气宇轩昂、让人容易产生好感的小男子汉。据说东浩在学校不仅学习好而且听老师的话，是个模范生。唯一让东浩的母亲担心的就是孩子不能和朋友们玩到一块去，与其他的孩子相比，东浩交新朋友需要相对比较长的时间。一个学期都过了很长时间，他也没有交到什么真正的朋友。

有一次，东浩的妈妈拿着孩子的东西去了孩子的学校，那时正好是中午时间，男孩子们都在操场踢球，但是东浩的妈妈却没有发现孩子的身影，最后她发现东浩站在操场边远远地看着孩子们踢球。东浩后来告诉妈妈说，朋友们踢球都不带他，甚至取笑他是"没断奶的孩子"。

东浩的母亲把自己叫做"10分钟救护队"，这是因为无论在什么时候、什么地点，只要收到孩子的"SOS"她就会跑过去替孩子解决问题。孩子把东西丢在家里没拿的时候、放学的路上和同学发生口角的时候、孩子和朋友去吃东西发现钱不够的时候，东浩的妈妈就会不顾其他任何事情第一时间跑过去。东浩的妈妈也非常积极地参加学校举办的野游，公益活动等，只要是孩子的事情她都会踊跃参加。

东浩妈妈在家里也表现出同样的热情，孩子放学回家后，她只有以小时为单位检查孩子正在做些么，孩子应该做些什么，她才能放心。东浩的妈妈非常辛苦，但是想到自己的孩子学习好，老师们都喜欢他，就不觉得辛苦。东浩的妈妈实在不能理解班级其他小朋友们，为什么要取笑自己的孩子。

美娜的妈妈在去超市的路上听到了路边游乐场里传来的争吵声，她就停下了脚步望了过去，她吃惊地发现，美娜和几个小朋友们打起来了。美娜的妈妈生怕身体矮小的女儿受欺负，就赶紧跑了过去，不出她所料，美娜正在和比她高出很多的孩子打架，看到妈妈来了，就忍不住哭起来了。美娜说自己想荡秋千，那个女孩就把她推到一边了，美娜的母亲非常生气，就冲着那个女孩大声斥责，为什么要欺负像妹妹一样的孩子。

　　孩子们的争斗远没有结束，当天晚上，那个女孩的妈妈来到了美娜家，质问孩子们打架大人为什么参与进来，有什么权力责骂别人家的孩子，还坚持说孩子们打架是因为美娜的缘故。这样两个大人就开始吵了起来，孩子们的争斗瞬间就变成了大人之间的争斗。

　　　所有的事情问妈妈

　　　无论你在哪里，在什么地方做些什么，你认为妈妈会帮你

　　　……

　　　请永远在我身边

　　　所有的事情都问妈妈吧

　　　自己爱的人也一样

　　　自己什么都不会做

　　　长不大的没断奶的孩子

　　这是一首歌的歌词。如果像东浩和美娜的妈妈那样，孩子的每件事情都要干涉，都要参与进来，替孩子解决所有问题，孩子只能变成没有主见，只会成为依靠父母的"没断奶的儿子"或"没断奶的女儿"。尤其是对于那些刚要走过青春期的孩子们来说，他们最不愿意听到别人叫他"没断奶的儿子"。这

样成长起来的孩子就像上面的歌词里说的那样，没有妈妈自己就不能做出任何决定。有一次，有个看起来非常正常的小伙子，第一次和女朋友约会，他就不断地给妈妈打电话问："妈妈，我正在和一个女孩见面，怎么样？我以后可以继续和她约会吗？""妈妈，这个女孩提出一起去吃饭，我可以去吗？""妈妈，我们已经到了饭店，应该吃些什么呢？"那个女孩实在是看不下去了，就破门逃走了。我们要相信这个笑话有可能就会成为你孩子的现实。

父母应该成为孩子的榜样

如果妈妈代替孩子为了作出最好的选择而苦恼，孩子就不能形成独立思考的能力，不仅如此，这样的孩子长大成人之后也只想着依靠别人，他们会期待从别人身上，也能得到父母曾经给予他的那种牺牲和保护，希望有人可以在他的旁边继续照顾他、爱护他、关心他。

但是，别人不会像父母那样对他特别照顾，也不能像父母那样在旁一一指点他们"做这个，干那个"。大多数的人更喜欢那些能够安慰和赞扬自己、在一起就能使他高兴的人，而不是那些需要别人照顾的人。"没断奶的儿子和女儿"同一起工作和生活的同事及朋友建立融洽的关系会遇到很大的困难。

孩子们需要的不是监视人，不需要有人24小时对他们的生活进行指示和监视。父母似乎很难做到既不放任孩子，也不过分管制孩子，还能维持恰当的关心，这种度很难把握。父母有时很想代替孩子苦恼，替他们解决问题，但是父母也不可能保护孩子的一生，因为孩子一旦离开父母的怀抱走入社会,父母替代不了的事情会越来越多,所以孩子需要的是榜样,能够帮助他们自己站起来的榜样。

　　与其整天跟在孩子的屁股后面唠叨,为了替孩子解决问题而苦恼,还不如珍惜自己的一分一秒。孩子无所事事的时候,妈妈与其对孩子唠叨,"看书吧""运动吧",还不如率先读书或运动,给孩子一个榜样。尤其最重要的是父母不应该试图通过孩子,来实现他们自己未能实现的理想。你希望孩子成长为什么样的人,你首先就应该努力成为这样的人,你能不能成为这样"酷"的母亲呢?

04

替孩子做着作业
就不要希望孩子能够独立

　　韩国的很多孩子和父母是睡在一个房间,但是美国的父母认为,孩子们刚出生,就应该睡在他们自己的房间,为的是培养他们的独立性。美国非常注重培养孩子们的独立性。家庭和学校为了让孩子们依靠自己的力量来解决问题,提供无数自我锻炼的机会,我们在美国学校里举办的各种学艺会或作品展示会里,经常可以看到一些水平非常差的作品堂而皇之地就能展出来。因为美国的学校不看重结果更看重过程,所以他们相对于那些看起来非常不错的作品,而对那些有一点粗糙,但是透出努力的作品评价也许更高。韩国的情况正好与之相反,小学生的作业很早就成为了父母实力之间的较量。

培养孩子独立性的方法

　　我家老二小学一年级的时候,有一次我领着老大参加了老二的家长会,当我看到孩子们展出的作品时吓了一跳,因为这些作品的质量很高,很明显和小学生的身份不相符,除了我的孩子的作品外,其他的一看就能看出是父母的杰作,我的孩子用他东倒西歪的字,精心制成的家庭报,显得格外扎眼。

如今韩国的父母也重视培养孩子们的独立性,但是他们过于执著于结果,所以有时就会忽视过程的重要性。韩国的孩子们参加很多的课外辅导,所以很多的父母为了孩子上网查资料,替他们完成学校的作业,有时也代替孩子们参加一些孩子们的义务活动。这样从小方方面面都依靠父母,不经过自我锻炼的过程,孩子们长大了也很难独立。

孩子进步了,就觉得这也是他们自己的进步,感到非常自豪;孩子们退步了,就觉得是自己的错误,感到对不起孩子,这就是为人父母的心情,正因为这样,如果孩子达不到父母的要求,父母就很想代替孩子做到。如果孩子感兴趣的事情太多,父母也很难为此感到骄傲,因为他们面临支持和不支持的艰难的选择。无论以什么样的形式,父母要为孩子的将来负责,所以为了作出将来不后悔的选择而苦恼着,这样的精神压力使他们不能入眠。

其实,解决这一问题的方法分外简单,那就是父母只要站在孩子的旁边,看着他们自己选择自己的人生,幸福地生活,就已足够了。

在美侨胞石智英是哈佛法学院的第一位韩国籍教授。我们有必要认真回想一下她的故事,她在耶鲁大学专修了英语,在英国牛津大学取得了英语博士学位,后又毕业于哈佛法学院。她从高三开始,每周六在茱莉亚音乐学院的预备班学习音乐,后来她还在只有世界高水平的演奏家才能在此演出的卡内基音乐厅演出过,而且她还是具有相当高水平的专业级芭蕾舞蹈家。她完成了一个人简直无法完成的事情。

石智英说道,她之所以能做到这些完全是父母的功劳,"芭蕾、音乐和学习……都是出于自愿。父母除了在我很小的时候说过希望将来我能成为医生之外,从来就没有强迫过我成为什么样的人。父母对我非常关心,而且对我能够自己亲自选择做自己喜欢的事情也给与了极大的关怀,我要永远感谢我的父母。"

充当帮助孩子们飞跃的跳板

石智英的父母关爱孩子,他们的爱的表现方式是关怀孩子自己亲自选择做自己喜欢的事情,这就是为孩子着想的最好的教育,有一个研究机构的研究表明了这是最佳的教育方式。

美国俄勒冈大学社会学习中心的帕高和他的同事们观察了妈妈和孩子一起解决问题的过程。有的母亲给孩子们提供了独自解决问题的机会,然后每当他们遇到困难的时候就提示孩子;有的母亲没有给孩子独自解决问题机会,从一开始就全权负责指导孩子。第二种情况里的孩子做不到全身心的投入,很快就失去了兴趣,他们又给这样的孩子们提供了另一个需要他独立完成的任务,结果与第一种情况里的孩子相比投入还是不好,完成的质量也差。

可望取得比赛的胜利,训练运动员的教练也不能代替运动员去跑,好的教练会注重发挥运动员的长处,遇到困难就会积极鼓励他们,引导他们成为好运动员。父母也是一样,应该给孩子提供发挥长处的机会,鼓励孩子们克服困难,退一步关爱和注视孩子们并引导他们发展,这样的父母才是好父母。

俄罗斯的心理学家维高斯基（L.S. Vygotsky）把父母在孩子教育中的作用比做催化剂，也就是说父母的角色是帮手，让孩子们依靠自己的力量努力解决问题，而且快要接近答案的时候，父母就应该成为帮助孩子们飞跃的跳板。父母不应该代替孩子烹饪，而应该成为那一滴能够提升味道的香油。

05
提供安定舒心的家庭环境，
然后才是成为富翁爸爸

多仁和幽静居住在地方的职工公寓，他们的爸爸在同一个部门上班，妈妈是全职的家庭主妇。同龄的其他小朋友们都去幼儿园，但是这两个孩子是由妈妈来照顾。两个孩子偶尔也在一起玩，但是有可能是由于两位母亲的教育观念不同的缘故，孩子们也很难玩到一起。

亲戚和邻居的孩子们经常到多仁家里玩，多仁的妈妈计划明年送孩子去幼儿园，在此之前，她打算让孩子在家里玩个够，所以除了阅读以外，她没有让孩子学习其他的东西。多仁的妈妈经常到地方图书馆借书，要求孩子每天一定要读一本。因为多仁还没有达到流利阅读的水平，所以经常是妈妈和孩子轮流读。每读完一本书就在冰箱上贴一个小粘贴，等到集齐了粘贴就给孩子买一些孩子喜欢的小娃娃和玩具。多仁的妈妈积极参加由街道和福利机构举办的教育讲座,偶尔也和邻里的妈妈们一起轮流教孩子们。

幽静的妈妈因为不能送孩子去幼儿园,所以经常觉得对不起孩子。她时常为丈夫一个人的工资不够支付孩子的教育费用和生活支出而苦恼着。幽静的爸爸却认为孩子在家由妈妈照顾要比送幼儿园好,认为孩子小时候就应该让他们玩个够,所以幽静的妈妈觉得丈夫一点也不了解如今的教育环境,夫妻俩经常为此吵起来。

富人家的孩子
学习也好

以前,我们在报刊上经常能读到穷人家的孩子是如何战胜贫困,成为大学考试的状元,成功考入名牌大学的故事。"学习是最容易的事情",张胜寿是以这句话变成了家喻户晓的人物,他的家庭贫穷,曾经做过建筑工人,做过中国餐馆的送外卖等等的工作,但是最后还是成功考入了首尔大学。

如今,家庭的经济实力对孩子的学业有很大的影响。富人家的孩子学习也好,这种现象不是仅仅局限于韩国,美国人也认为富人的社区也成了好学生的军团。

那么,父母的收入究竟会对孩子的学业产生什么样的影响呢?美国纽约大学社会学科的秦阳教授和哥伦比亚大学布鲁斯·格恩教授的研究小组,为了了解家庭收入对孩子的智力发展和行为会产生什么样的影响,进行了一次调查。1997 年,他们针对 3~5 岁的 500 名孩子,进行了调查研究,结果正如他们所预测的一样,高收入家庭的孩子得到了智力测验的高分,而且不端行为问题也少。

研究结果中非常有意思的一点就是家庭收入的高低，对孩子产生各不相同的影响。如同我们预想的那样，经济上富裕的父母，能给孩子提供更好的学习环境，不仅能够提供舒适的生活环境，而且还能提供更多的教育玩具和教具，参观各种展览会、欣赏音乐会等教育活动的机会也更多。与此相反，家庭收入低的家庭，家庭成员所能感受到的经济压力会对孩子的学业产生负面影响。主要的问题不是能否给孩子提供玩具和教具，参加展览会机会的多少，而是令人不安的家庭氛围。低收入家庭的妈妈们，由于经济压力导致生活处于不安定的状态，夫妻之间的争吵多，惩罚孩子的频率也高。其他的一些研究结果也表明，家庭收入越低，妈妈和孩子之间的对话也越少，就是有些对话，对话的内容大多是对孩子下达指令、责骂等一些不应该使用的言语。

在我们国家，由于家庭收入的高低而产生的孩子学历上的差距，也正在逐渐加大。为了解决这种不公平的现象，不仅需要加强国家政策支援的力度，而且更为重要的是家庭的和睦和父母心理上的安定。

子女教育的关键钥匙，不是金钱而是和睦的家庭

父母都希望自己的孩子取得成功，生活幸福，所以为了子女的教育，父母可以牺牲自己的人生，但是这样的牺牲也不能保障孩子的成功。父母从凌晨到深夜忙于挣钱，我们经常能看到需要父母关心的孩子不能适应学校的生活，与不良学生交往，渐渐远离学校的现象。我们也能经常听到为了多挣一些孩子教育和生活费用，独自留在韩国打工的孤雁式的爸爸，由于过度劳累而倒下去的故事。

除了这样令人伤感的例子之外，很多的夫妻为孩子的教育费用和教育方式产生分歧而饱受煎熬。爸爸主张小孩子应该让他们尽情地玩，而妈妈却说别人家的孩子都上好几个补习学院，不同意爸爸的这种教育观念。如果因为孩子的教育问题夫妻之间经常产生摩擦，孩子在这样的环境里无法安心学习，自然就会介入到父母的分歧中，然后不断地反省自己"是否我什么地方错了呢？"这样渐渐就会使孩子丧失积极向上的活力，当然也不能期待这样的孩子能学习好。我们一定要铭记，如今孩子需要的不是富翁父母而是需要能够让他们安心成长的和睦家庭。

06

家庭活动越多，
孩子的品性也会越趋稳定

　　霞恩是幼儿园的小朋友，现在她对妈妈有很大的意见，这是因为霞恩收到了这个周六朋友生日聚会的邀请，但是由于家庭聚会去不成了。霞恩的妈妈非常重视每月一次的家庭聚会，霞恩要帮助妈妈做家务，大扫除，她不仅要收拾自己的房间，而且还要帮忙收拾客厅和妈妈爸爸的房间。妈妈做饭的时候，摆桌子也是她的任务。

　　所以，霞恩非常羡慕朋友素珍，素珍的妈妈爸爸是以孩子为中心安排所有的日程。即使有亲戚间的聚会，只要素珍需要参加朋友的生日聚会或有芭蕾课要上，她的父母就会为孩子改变所有的安排，而且也不像霞恩那样需要帮忙做家务活，因为妈妈或保姆阿姨会替她收拾她的房间，为她准备所有必要的东西。

帮着做家务的孩子学习成绩也好

孩子只要稍大一些,一家人一周吃一顿团圆饭也会变得困难,而且家庭的日程安排,自然也会以忙于学习的孩子为主。如果妈妈们想聚一聚,首先就要确认孩子的学院时间和考试日程,家庭聚会同样也会经常因为孩子而流产,所以孩子和亲戚之间的交往机会变得越来越少,帮忙做家务也会推迟到孩子考入大学之后。

但是,根据美国家庭心理协会会刊上发表的研究结果,家庭活动或家庭的共同日程贯彻得越好,孩子的品性越趋稳定,孩子们更能忍受各种压力。家庭活动越是频繁的家庭,孩子们越是健康,学习成绩也越高,越能形成孩子和家庭之间的坚固纽带。根据进行这项研究的美国锡拉丘兹大学的芭芭拉·皮尔斯(Babara. Pierce)教授和她的同僚们的理论,家庭活动是指所有家庭成员都参加的活动,具有强化家庭纽带的典型功能,同时也是发扬光大家庭传统的日子。举例来说,家庭成员在生日、圣诞节、除夕、新年等节日里相聚在一起的活动,都是家庭日。家庭的共同日程是指那些一定要按时进行的日常活动,比如说,晚饭、睡觉、家务、亲戚之间的来往、问安电话等。日程结束之后就会忘记,但是家庭活动会给孩子们留下美好的记忆。

如果一个家庭每天都有一些固定的日程,孩子们就会更健康,更容易管制孩子们的行为,比如,定点睡觉的孩子就会比那些睡觉没有规律的孩子们更容易入睡,睡眠质量也高,孩子们也不容易患呼吸系统的疾病,可以健康成长。家庭成员在一起的进餐时间,也会提供父母和孩子增进了解的机会。

孩子们帮忙做家务对学习也有帮助。几年前,美国的一个统计机构对孩子们一周的日程进行了调查,然后分析了孩子们的日程和学业成果之间的关系。调查结果中，有趣的是 1997 年孩子们帮忙做家务的时间比 1981 年每周增加了三个小时。一些孩子回答自己和父母一起做家务，父母也参与他们的游戏。调查结果显示，这样的孩子的应用数学的成绩更高。如果父母和孩子一起进行比如洗衣服和整理衣服、打扫、饭前摆桌子、读书、讨论家庭的大小事情、作业、电脑游戏、室外运动等活动的频率越高，孩子们的数学成绩也越高。

研究者说，做家务可以帮助孩子们形成实际解决问题的能力。校门外的生活，不是只要找到正确的公式就可以坐享其成的数学题，生活里不存在永远正确的公式，而且公式的变数也太多。家庭是社会最小的单位，是孩子们首先学到真理的地方。

具有弹性的孩子，善于克服危机

孩子们与家里人聚在一起的时间越多，他们的忍耐压力的内在力量也就越强。

马萨诸塞州的某大学，针对 400 名孩子进行了一项长期的研究，他们研究了与家里人聚在一起的时间与压力之间的连带关系。研究者在孩子们 5 岁、9 岁、15 岁、18 岁、21 岁、26 岁的时候，分别对孩子和父母以及老师进行了调查，询问了孩子们的压力是什么，克服压力的情况以及孩子们对自身是否持有肯定的态度，结果表明，曾经存在危险因素的孩子中，比如患有疾病或存在家庭暴力等家庭问题，或者患有抑郁症等，有 56% 的孩子和他们预想的一样长大成人之后，还是由于抑郁症等问题的困扰，不能很好地适应日常生活。但是，同样存在危险因素的孩子中，也有 37% 的孩子超出了研究者的预测,他们长大成人之后,拥有成功的职业,满足于自己的生活。研究者把这群孩子叫做"具有弹性的集团"。那么,为什么有些孩子克服了自身存在的危机而有些孩子却没有呢?

根据研究结果,属于弹性集团的孩子们具有一个共同的特点,就是他们成长在一个具有凝聚力的家庭中,也就是说,在这样的家庭里,家庭成员经常聚在一起,家庭成员之间的沟通流畅,一起作出重要决定。孩子们在这样的家庭中逐渐学会了如何去解决问题,得到了独立解决问题的能力。家庭的凝聚力给孩子们提供了能够克服危机、健康成长的驱动力。

孩子们在帮忙做家务,同家长一起买菜、一起看电视等过程中,学到了在学校和学院无法学到的更重要的知识,得到了克服困难的力量。如果孩子们的日程时间表中除了去英语补习学院、数学补习学院的时间,再加进去洗碗和洗衣服的时间,和妈妈一起买菜的时间,不仅能提高孩子们解决实际问题的能力,而且也能培养他们将来克服困难的内在力量。家庭对于孩子们来说是他们的盟军,每当遇到困难都能和他们同甘共苦,如果孩子们认识到了这一点,就会为他们提供具有"弹性的"的战胜困难的力量,这也是父母能够留给孩子们的让他们终身受益的最宝贵的财产。

07

培养孩子
提问题的习惯

"老师,我自己试一试吧!这个长得像鸭子,应该能浮起来;这个重,应该沉下去;水再多一点的话,这个看来也能浮起来。真是有意思!"

茵智正在做实验,她好奇什么东西能在水里浮起来,什么东西会在水里沉下去。实验做得越多孩子对水的高度、物体的材质等就越感兴趣,所以她把用铁制成的秤砣、乒乓球、玩具鸭子、木板等物体放到水里,进行观察。

孩子们像茵智一样,都觉得科学实验非常有趣,也会利用物体的大小、形状、密度等概念作出他们自己的解释。通过这样的体验学习,我们可以把孩子分成三类:只关心正确答案的孩子、行动先于思考的孩子和想知道各种现象的原理、好奇心强的孩子。

解决问题型孩子,执行错误型孩子,思考型孩子

解决问题型孩子最关心的就是找出正确的答案,这样的孩子回答问题之后,肯定会观察老师的反应,他们主要关心老师在纸上记录些什么,通过老师的表情揣摩自己的答案正确与否,其他孩子是怎么回答的。如果他们觉得自己的表现不错,就会高兴,变得更加积极;如果老师的反应不怎么样,或者觉得自己回答错误,立刻就会变得消沉,觉得自己做不到,很容易就会放弃。他们自认为"做不到",而这样的想法让孩子慌张,影响孩子正常的思考。

执行错误型孩子的行动会先于思考,他们没等对问题进行思考,找出答案就先付诸于行动,比如说,老师问他们,"这个东西在水里会浮起来呢,还是会沉下去呢?"他们想都不想就会把那个东西扔进水里。这样的孩子平时没有得到认真思考问题的锻炼,很容易受到周围各种因素的影响,所以这样的孩子的注意力大都不集中。

最后是好奇心非常强烈的思考型孩子,陌生的现象更能激起他们的好奇心,这样的孩子并不关注自己的回答正确与否,他们关心的是原因,"为什么会这样呢?"所以他们即使回答错误也不慌张,如果正确答案和他们预想的不一致,他们反而觉得更有意思。思考型孩子会不断地思考,不断地提出问题,"老师,这个东西这么大,怎么能浮起来呢?对了,船那么大也能漂在水面上,看来不是所有大的东西就会沉下去,是吗?"

不仅是科学实验,其他各种现象都能激起他们的好奇心。不久之前,我去美国出差回来的时候,我刚想睡一觉,就听见了旁边座位上的一位年轻母亲和4岁左右的孩子之间的对话。

"妈妈,这个飞机为什么不能直飞呀? 为什么要绕着飞呢? "

孩子看到屏幕里打出来的飞行路线就问妈妈,孩子的妈妈就在孩子的耳边小声给他解释,孩子也不停地提问题,妈妈不厌其烦地解释。过了一会儿,孩子又把空姐叫到身边,仔细询问起飞机上的食物。

"什么时候提供晚餐呀?""什么食物呀?""这种食物是什么味道呢? 我是不太喜欢蔬菜太多的 ……"

孩子询问完之后,还像大人那样对空姐表示了感谢。飞机的飞行时间长达 6 个多小时,换成是其他的同龄孩子,或许早就在飞机里跑来跑去,或者找妈妈的茬儿了,真是个乖孩子。

培养创新能力和思考能力的方法

对于婴幼儿来说,什么样的教育才是必须的呢? 我曾经针对这些妈妈做过调查,她们认为培养孩子的创新能力,思考能力以及智力开发的教育是必须的,并且认为孩子 20 个月大的时候,就应该开始这样的教育;然后就是阅读,她们认为孩子 24 个月大的时候,是让孩子们开始读书的最佳时期;她们认为艺术和体能方面的教育也应该在孩子 31 个月左右的时候开始实施。

就像这样,韩国的母亲普遍都认为从小就应该训练孩子们思考问题的能力。那么,怎么样才能培养孩子的创新能力和思考能力呢? 答案非常简单,把孩子们培养成好奇心强、社交能力出众的孩子就可以,也就是说,如果从小孩子们越关心周边环境、越能和小朋友们融洽地相处、越能向大人提问题,青少年时期他们的阅读能力等学习和智力的分数就越高。

南加利福尼亚大学的雷恩(Lain)博士和同事们针对 1 700 名 3 岁孩子

们的认知能力和社交能力的情况进行过调查。8 年之后，他们等孩子 11 岁的时候又调查了孩子们的学校成绩和阅读能力、心里健康等情况，然后对调查结果进行了对比分析。研究结果表明，好奇心强烈的孩子的智力指数比其他的孩子高出 12 个百分点，学习成绩也更好。 有些孩子们虽然好奇心同样强烈，但是他们独自玩拼图游戏、画画或分类游戏，这种孩子们的智力发展要比那些经常和朋友及大人一起活动的孩子要慢。

如果孩子能够与其他的小朋友们融洽相处，勤于向大人提问题，他们自己就会不断地创造出丰富而具有挑战性的、有利于智力发展的各种各样的环境，因为他们通过这样的过程，可以学到如何在恰当的时间提出问题、如何对话、如何相互作用，这样的环境又会使孩子的智力得到长足的发展，反而促进孩子的学习。正因为这样，如果孩子们出于好奇，总是提出一些稀奇古怪的问题时，父母应该竭尽能力回答孩子们的问题，或者对他们说："妈妈也不太清楚，为什么会这样呢？让我们一起查一查吧。"

08

游戏时间
是促进孩子发展的维生素！

"老师，我们家的芮智对什么事情都不感兴趣，总是喊累。芭蕾是她自己死缠烂打要学的，但是现在又说不想学了。其实，除了芭蕾她还学美术、钢琴、小提琴、英语，还要去补习学院，我跟着他屁股后面跑，一天很快就会过去。"

如今很多的孩子也像芮智一样，几乎没有什么玩的时间。某一项研究结果表明，我们国家3到5岁的孩子中，有38%的孩子没有在家和小朋友们一起玩耍过的经验；大约30%的小学生每周只能和朋友们玩一次。很多的妈妈像芮智的妈妈那样，如果孩子不去补习学院，换句话说，如果孩子无所事事，妈妈就会感到不安，她们觉得别人家的孩子正在参加各种各样的学习班，只有自己的孩子什么也不做，"光顾着玩"，所以一旦有了空余时间，很多妈妈就会到处打听各种新的教育信息。

通过游戏补充缺乏的维生素

俄罗斯的心理学家利维·维谷斯基（Lev . Semenovich . Vygotsky）认为孩子的认知能力、社交能力和身体都会在孩子的游戏中得到综合发展，这是因为游戏对于孩子来说，不仅是令他们愉快的活动而且也是学习机会。孩子们通过游戏不断尝试超越现状，而且游戏也不会给孩子带来任何精神负担。

孩子常常拿起玩具电话，就给爸爸打电话，虽然语言不太流利，但是语气非常认真，好像真的给爸爸打电话一样。如果孩子不愿意去医院，害怕医生，他们就会通过医生游戏体验与现实相反的角色，"给你屁股上打一针，立刻就不疼了，打针有一点儿疼，但是要忍耐，这样才是乖孩子！"

就像这样，孩子们会在游戏中理解他人的立场，解除平时对一些事情的恐惧感；孩子们喜欢玩的积木游戏，也会帮助孩子的智力发展，不到1岁的孩子通过触摸学到大小和颜色，也会感觉重量，体验各种触感，拿起大小不一的积木相互敲打，扔来扔去就能锻炼手指的肌肉，眼睛和手的协调能力；到了2岁左右，通过搭建积木，他们的立体空间感就会得到培养；孩子再大一些，就会用积木搭建出不同形状的建筑物，这就会启发他们的创新能力。

孩子们稍大一些的时候，游戏不仅能使孩子的智力得到发展，而且还会培养孩子们遵守游戏规则，抑制冲动的自我调节能力。韩国的掷棍子传统游戏，掷骰子游戏等身体游戏，对于孩子们的智力发展能够起到积极的促进作用。掷骰子游戏非常简单，只要先掷出骰子，根据点数移动游戏盘上的马就可以了，孩子们通过游戏就会学到骰子上的一点，对应于游戏盘上的一格。

掷棍子游戏中,如果掷出的是"back"你就要在棋盘上倒行,所以孩子们相当于学习"减"的概念,即"负数"的概念。不仅如此,为了使你的马匹最先到达目的地,需要制定出作战计划,或者妨碍对方前进的策略,这就需要你读懂对方的心理,需要解决问题的能力,你也要根据骰子的点数,或者对方的计划,随时修改你的计划。孩子们在游戏中也会学到,即使你处于劣势,不想继续游戏,你也不能中途退出,从中学到承认并面对失败的方法。

折纸和画画也对孩子们有好处,孩子们使用五颜六色的折叠纸或报纸折出船、帽子、飞机等进行嬉戏,他们的空间感和手指肌肉同时也就会得到锻炼。孩子们通过画画,可以体验漫画家的感觉,也可以给纸上画出的公主穿上数十套不同的礼服,孕育出服装设计师的梦想。

游戏中包含着孩子每一个成长时期所必须的所有要素,游戏就像促进孩子们成长的综合维生素,但是孩子平时日程中,往往就是缺少这么重要的游戏时间,这就好像是给孩子提供一桌只有肉类的菜肴,缺少孩子成长必须的各种维生素。

孩子们在游戏中学习社交方法

美国的一位叫做桑德斯(Saunders)的研究家说,"游戏"和人生中需要面对的问题,基本上是相同的技术,都需要创造性和韧性,需要出于自愿,需要行动,需要熟练的思考能力,尤其是小时候通过玩游戏,培养出来的创造能力与解决问题的能力,这和成长有着密切的关系。

美国凯斯西储大学的研究小组,曾经调查了小学1~2年级的学生,用玩具娃娃或积木等普通的玩具,到底能够创造出多少种富有创造力的游戏。

研究小组等到这些孩子到了小学5~6年级,又对他们进行了调查研究,调查了他们在现实生活中是如何解决问题的,比如:如何处理被小朋友们孤立的问题、经常忘记携带学习必需品等的问题。研究结果表明,游戏中富有创造力的孩子,解决现实生活中实际问题的能力也得到了高分。

想象力丰富的孩子,抵御各种压力的能力也强。有些孩子只是抱着玩具娃娃,还有些孩子给玩具娃娃一个故事里的角色,例如,这样的孩子,会编出两个玩具娃娃开始争吵一直到最后和解的故事。调查结果显示,后一类的孩子,在牙齿治疗等过程中,抵御压力的能力表现得更强。

孩子通过游戏会学到社交的技能,他们会学到如何才能和第一次见面的人走得更近,如何才能在自己需要帮助的时候得到别人的帮助。孩子们玩各种游戏的时候,也就是在与其他小朋友的磨合中,学到了将来社会生活中所必须的技能。

孩子们玩的过家家游戏以及他们的那些出人意料的想象,在大人眼里是微不足道的,但是这些游戏正是开启他们对未知东西的学习和探索的过程。这是孩子们进行对话,解除压力的时间,而且是学到复杂的人际关系,练习多角度思考和磨炼解决问题能力的时间。父母们给孩子安排这些能给他们带来快乐、能够锻炼他们创造能力和解决问题能力的时间和机会吧。

09

父母能代替朋友吗？

"我们今天到外面吃饭吧。"

"我们就不去了，我们把朋友叫过来玩，煮方便面吃就可以了。"

爸爸特意提议一家人出去吃顿饭，但是孩子们的反映一般。如果孩子和朋友们相处的时间多了，自然和家人在一起的时间就会越来越少了。孩子们一般到了小学高年级就不怎么愿意跟着父母了，他们更喜欢和朋友玩，所以就连父母提出的外出吃饭或旅行等提议，他们的反应也是一般，即使跟着父母出来了，他们也会忙着用手机短信和朋友聊天，这真可谓是身在曹营心在汉了。孩子们已经不再是曾经跟着父母屁股后面跑的不懂事的孩子了，他们长大了。

妈妈和朋友之间的区别

朋友的分量在孩子的生活里变得越来越重，同时令他们苦恼的事情也越来越多，特别是当他们在学校或幼儿园受到了同龄孩子欺负的时候，孩子就会觉得自己是这个世界上最不幸的一个人。

京敏最近不愿意去幼儿园，因为有一个叫做海哲的男孩子经常打她，找她的麻烦，这个男孩子曾经把她的新发夹扔进马桶，也曾经把她的室内鞋藏在花盆后面。虽然幼儿园的老师认为这是孩子之间普遍存在的现象，但是京敏的妈妈却非常担心，认为海哲的行为已经超出了孩子之间正常的打闹。

有些积极的父母如果碰到像京敏这样的情况，可能就会考虑为孩子换一家幼儿园，但是这也不是长久之计，不是根本解决问题的方法。我们不能每当孩子碰到类似的问题就给孩子换幼儿园，也不能因为孩子在幼儿园遇到了一个折磨她的顽皮孩子，就让孩子在家和妈妈一起过，不让她再上幼儿园，显然这也是不切实际的事情，因为父母不能代替孩子的朋友，他们担当的是截然不同的角色。

关于这一点，英国比较心理学家哈利·哈洛（Harry F. Harlow 1905—1981）曾经通过对猴子的实验，比较了妈妈和朋友的角色作用。他让一群猴子只和"妈妈"生活在一起，没有给它们和"朋友"接触的机会，相反，他让另一群猴子和"朋友"生活，没有让他们和"妈妈"接触，其结果是这两群猴子都没能正常成长。只和妈妈生活的猴子避开"朋友"，靠近它们就会表现出攻击性行为，长大之后仍然表现出相同的行为特征。与此相反，只和"朋友"生活的猴子，同样表现出了异常的行为特征，它们总是聚在一起，形成了非常牢固的依赖关系，但是这种纽带关系过于紧密，以至于它们无法进行领域外的探险或嬉戏,而且面对很小的威胁,它们就会感到非常不安。

哈洛的研究结果表明,父母会给孩子们提供安全感,而朋友会让孩子们培养成社会生活能力。如果孩子们对人与人之间的相互关系不太了解,他们就会经常和朋友打架。通过这个过程,他们逐渐学到人与人如何相处的法则。

朋友找你麻烦,应该这样面对

孩子由于某些小朋友找他麻烦而感到苦恼的时候,如果父母站出来替孩子解决问题,他们就永远也学不会如何才能解决好朋友之间出现的矛盾,我们应该教给孩子自己解决问题的有效方法。

第一,无视找你麻烦的孩子,对其不作出反应。如果你作出发火或者哭泣的反应,麻烦很有可能升级。有的时候,无视是最有效的方法。

第二,让对方知道你已经生气了,并且明确提出你的要求。如果无视的方法不起作用,就应该采取其他措施。你可以把你的感受以及要求明确地表达出来,"不要这么叫我,每当你叫我绰号的时候,我非常不愉快,希望你不要再这么叫我";直接承认对方取笑你的事情,有时也是一种很有效的方法,如果取笑你的大眼睛,你可以直接承认,"是啊,我的眼睛是很大";表扬对方也是一种方法,如果对方取笑你跑得慢,就对他说,"你跑得真快呀!"这个时候重要的是你要正视对方的眼睛,说话要不卑不亢,这样的方法在教室等有人管制的地方,是个有效的方法,但是如果一对一单独在一起的时候,这个方法可能会激化矛盾,所以要根据具体情况使用这种方法。

第三,请求大人帮忙。如果麻烦不断,或者这种麻烦伴随着暴力,就需要大人的帮助,因为孩子独立承担这样的麻烦,很容易走向极端。父母平时就应该让孩子们明白,一旦暴力情况出现或无法独立承担的时候,一定要寻求父母的帮助,而且更重要的是父母要做到及时觉察出孩子的变化。

　　只要父母相信自己的孩子,在旁观望着孩子,他们会自己解除苦恼,自己想出解决问题的方法。任何父母也不能代替孩子解决孩子和朋友之间发生的所有问题,但是可以和孩子一起研究对策,帮助孩子们树立自信,帮助他们自己解决问题。

10
如果想培养孩子的领导能力
就要和孩子对话

　　我曾经有机会遇见了一位美国洛杉矶某小学的校长。这所学校的学生主要是韩国人和犹太人的子女，学生的水平高，父母的教育热情高，在美国被叫做"8学军"。这位校长说犹太人和韩国人对子女的教育热情是世界第一，他们之间有很多相似之处。他还以韩国人和犹太人父母为例，向我讲述了如何培养孩子，使他们成为世界舞台上的领军人物。

　　很多犹太人和韩国人，都觉得自己的孩子是天才。他们的孩子与美国孩子相比，很小就能读书，算数也相当熟练，所以他们的父母觉得自己的孩子与众不同，有了这样的错觉。韩国人和犹太人的家庭学习和补习的热情在美国是出了名的，放学后或周末孩子们忙于学习乐器或参加运动，而且他们的民族心非常强烈，他们还要在犹太教会或者韩国人教会，认真学习希伯来语或韩国语。

犹太人父母和韩国父母

犹太人和韩国人父母之间有一个非常重要的区别，这就是平时在家和孩子对话的方法。小到琐碎的日常决定一直到社会事件，犹太人父母重视询问孩子的意见，"你对此事怎么想的呢？"犹太人父母认为，孩子应该在学校学习的同时也要了解社会，应该有自己的见解，他们是在培养孩子们的思考能力。

与此相反，韩国父母不会询问孩子对社会的看法，他们会问孩子们，"考试得到 A 了吗？"当大人谈论社会政治，孩子想参与进来表达自己的见解时，父母就会轻视孩子们的意见对孩子说："功课做完了吗？去学习吧！"父母这样的态度会向孩子们传达错误的信息，"你没有必要关心世间的事情，这是大人的事情"。

犹太人父母，在家里就开始教给孩子如何有条理地表达自身的想法以及讨论问题的方法。孩子虽小，但是全家人一边用晚餐、一边就以当日的新闻事件作为话题，说出各自的看法，这是他们在培养孩子们的表达能力。

与此不同，韩国父母本身从小就没有接受过这方面的教育，所以他们也不善于教给自己的孩子说话和讨论的方法。父母在大学或者在公司，也许接受过这方面的教育，但是他们认为这些都是适用于一些正式场合，在家里和孩子就没有必要这么做，所以有些韩国人，虽然毕业于名牌大学，但是由于不善于讨论，说服对方的能力差，融入美国主流社会遇到了很大的困难。犹太人的表达能力和说服能力，却成为了他们跻身于学校、政界、法律界等的基本能力。

我们的孩子虽然知道为了得到好分数应该做些什么，但是他们不太熟练于表达自己的想法，所以考试中分析社会问题，竟然会出现超过90%的考生写出相同答案的现象，他们是在补习学院背诵了同一个正确的答案。

犹太人父母和韩国父母还有一个不同的地方，孩子还很小的时候，犹太人父母就会教他们和别人融洽相处的方法，在以色列，孩子出生3个月就会被送到幼儿园，让他们过集体生活，所以孩子从小就会自然地学到集体生活需要遵守的规则，他们也会学到有些规则不管你喜欢与否都要遵守，也会学到游戏中自己也有可能失败，还会学到凭借集体的力量就可以做到一个人连想都不敢想的事情。

韩国父母却教育孩子如何成为在激烈的竞争中能够获得胜利的人。所以自己的孩子即使得到了 A，他们的父母还会仔细地询问其得到 A 的其他孩子的情况，而不太重视教育孩子，如何凭借集体的力量得到好的结果，并一起分享其结果。

先教会孩子们如何关怀他人

美国威廉姆斯大学的摩尔和首尔大学的李顺翔，曾经对比分析过美国妈妈和韩国妈妈是如何和孩子对话的，他们分析了妈妈们采用什么样的方式向孩子叙述过去发生的事情。开始实验之前，研究人员首先进行了预测，他们预测个人主义强烈的美国妈妈，可能更关心自己孩子的想法和情感，他们会问孩子："那个时候，你的心情怎么样？" 同时他们预测韩国妈妈由于重视和谐，所以她们会对他人的想法和感情更感兴趣，她们会问孩子："那位朋友会怎么想呢？"但是实验结果与他们的预测正好相反，美国妈妈比韩国妈妈更加关心他人的感情。

韩国妈妈谈及社会规范和他人的评价要比美国妈妈多，比如说，韩国妈妈回忆起以前孩子哭闹的时候，曾经对孩子说："那个时候，你在外面又哭又闹，妈妈真是觉得丢人。"或者"你那样又哭又闹，警察叔叔就会把你抓走！"孩子们通过这样的对话，不要说关怀别人，他们会更加重视妈妈的脸面或者惧怕惩罚。

孩子们是通过与父母的对话，学到重要的社会价值观。他们知道在超市不能哭闹，但是他们并不知道，这是因为他们的行为，会造成他人的不愉快。如果你想培养孩子们的创新精神和关怀他人之心，就应该从小培养他们独立思考的能力，如何表达得有根有据、逻辑性强、换位思考的能力。为了达到这样的目的，我们必须多和孩子们对话，有必要聆听孩子们的故事。

如果计划带孩子去动物园，我们不应该只是通知孩子，"这个周末我们去动物园"。而应该询问孩子的意见，"这个周末我想带你去动物园，你觉得怎么样？"地铁上，我们不应该对孩子说："不能在地铁上跑来跑去！"应该对孩子这么说："如果你在地铁上跑来跑去，是不是会给别人造成不便呢？不要跑来跑去了。"

父母和子女的沟通，不可能一日而就。如果孩子提出一些奇怪的问题，或者发表他们自己的一些谬论，我们首先应该做的就是耐心地聆听，然后回答他们的问题，你的解释一定要符合孩子们的水平。如果你认为"大人说话，孩子就应该听"，看到那些有主见的孩子或许就会觉得没礼貌，但是你一定要铭记，如果没有这样的过程，很难把孩子培养成世界舞台上的领军人物。

11

害羞的孩子，
就应该让他们多接触人

敏珠是一个非常害羞的女孩,她总是在教室里静静地坐着,老师和同学们有时竟然感觉不到她的存在。她也没有什么特别要好的朋友,所以在自由活动时间或午餐时间里,已经习惯自娱自乐。陌生人和她搭话,她就会满脸通红,好像是要快哭出来的样子,躲到妈妈的身后。她的妹妹敏正比姐姐小两岁,性格正好与她相反,她能和第一次见面的人打成一片,在大人面前也非常活泼,爱说话,很像她的妈妈。敏珠的妈妈现在已经开始担心孩子的性格,她希望孩子如果有不知道的问题,就举手提问,有需要的就说清楚自己需要什么,但是孩子总是静静地坐着。

有一次,她领着敏珠和敏正去了快餐店,两个孩子都想再要一杯可口可乐,于是妈妈就让敏珠到柜台买,但是敏珠不愿意,竟然和妈妈争执了20多分钟，最后经过一番练习之后才走到柜台前说出了她的台词，但是由于敏珠的声音太小，服务员没有听清楚，敏珠终于还是哭出来了。

父母的管制造就害羞的孩子

有些孩子就像敏珠那样过于害羞，令父母担心，他们在家里一点问题都没有，但是一旦站到别人面前，就不能直视对方，话也说不清楚。

根据斯坦福大学的津巴多(Philip.George. Zimbardo)博士的研究结果，有40%左右的幼儿园和小学的学生，性格害羞。津巴多博士曾经观察的一个5岁的小女孩，因为过于害羞，在她脸上，看不到高兴和生气的表情。这个女孩好像对周围的事情漠不关心，其他小朋友们唱歌、聊天的时候，她总是在教室的角落里独自打转，几乎也不回答老师的提问。美术课的时间，她没有勇气借旁边小朋友的剪子，只好等她用完离开了才敢拿来用。

像这样，害羞的孩子即使需要别人的帮助，自己也说不出口，不能明确地表达自己的想法，而招来别人的误解，这都是由于孩子缺乏自信，缺少社会经验的缘故。

通过对大学生的调查研究发现，孩子的害羞和父母养育孩子的方式有关。如果父母从小过分管制孩子周围的所有事情，强调让孩子成为一个不伤害别人，既端正又有礼貌的"乖"孩子，就会有损于孩子蓬勃的朝气，造成心灵的萎缩。

有一位大学生参加了津巴多博士的研究，他回忆了自己的母亲，她是一位典型的管制型母亲。

"我的母亲总是很在意别人的看法，对我非常严格，总是强调要我成为一个有礼貌的不伤害他人的乖孩子。妈妈最重要的角色好像是监视我们，一旦我们犯了一个小小的错误，妈妈的说教就开始了。在我的记忆中，妈妈从来就没有说过爱我们。我们总是担心犯错误，就是这样，也没有满足妈妈的要求，所以我们总是过于在乎别人的观点。"

为害羞的孩子准备的处方

据津巴多博士说，害羞是孩子们固有的个性之一，所以没有必要过分关注，或试图强制性地改变，但是如果孩子过于害羞以至于不能和其他人相处，就会错失从中学习和得到快乐的机会，所以我们最好使用以下的方法来帮助孩子。

从小父母就应该多和孩子们进行对话。无所谓时间的长短，父母最好是每天都以孩子们喜欢的或者擅长的活动为主题和他们进行对话，聆听孩子们的故事。在倾听孩子们的故事时，重要的是如果孩子做得好，就应该多表扬他们，帮助他们树立自信，不要揪着缺点和失误不放。此外，我们应该多为孩子创造出与其他同龄孩子以及与大人接触的机会，如果能够为孩子找到一个具有人气、懂得关怀朋友的孩子，是最好不过的了。

有些孩子像敏珠那样天生就害羞，还有些孩子害羞是由于从小缺少与其他孩子接触的机会而造成的。刚出生的婴儿，如果接触的生人多了，他们就不认生，如果孩子到了关心朋友的阶段，父母应该利用文化中心的幼儿活动，或者一些体育活动等，多给孩子们提供与朋友们接触的机会。父母还要让孩子和比他小的孩子交朋友，这也是帮助孩子克服害羞的方法之一，因为孩子也许在同龄孩子面前表达不清楚，成不了孩子们的中心，但是他却能和比他小的孩子打成一片。还有一个好方法,那就是赋予孩子一些日常交际生活中的角色,让孩子提前演练,比如,让孩子去买些东西回来,或者在家庭活动中,分配给孩子接待客人的任务,你可以让孩子提前练习一下这些活动所需要的恰当的话语或行动。我们应该针对孩子们的弱点,提前和孩子一起构思脚本,让孩子提前进行练习。

第 三 章

自律型母亲

——"你想怎么样，就怎么样吧！"

checklist

　　细读下列各项,觉得符合自己情况的就用√作出标记,最后相加得出最终分数(每项 1 分)。

1. 对孩子离开家或父母的独自行动采取宽容的态度。　　□

2. 对孩子独自作出决定并行动的行为比较宽容。　　□

3. 如果孩子拒绝父母的帮助想自己尝试,就让他们尝试。　　□

4. 放任孩子自己玩,父母不进行干预。　　□

5. 放任孩子按照自己的意愿行动,父母不进行干预。　　□

6. 孩子自己能够完成的事情,就是有些难度也尽可能让孩子独立完成。　　□

7. 不指出孩子错误的行为。　　□

8. 几乎不怎么惩罚和责骂孩子。　　□

9. 不要求孩子做家务或遵守纪律。　　□

10. 问题出现了,也会等待孩子自行调节。　　□

11. 认为放任孩子按自己的意愿行事,要比遵守纪律或秩序更为重要。　　□

12. 尽力满足孩子的所有愿望。　　□

总分:_____

结果分析

0~3分 你很有可能不属于自律型母亲。

4~7分 你具有很多自律型母亲的特征,希望仔细阅读这一章找到改善的方法。

8~12分 你是典型的自律型母亲,为了改善与孩子的关系,有必要寻求不同的育儿方法。请仔细阅读这一章,希望能够避免自律型母亲常有的失误。

竖仁的妈妈平时倾向于尽可能做到尊重孩子的意见。虽然人们都说孩子才4岁能懂什么,但是她却认为,孩子虽小,但是他们知道自己的需要,所以她从来不会强迫孩子。

去年夏天,竖仁的妈妈第一天送孩子去幼儿园,她也没有强迫孩子。竖仁一直在家和弟弟在一起玩,唯一的外界活动,就是去附近的文化中心学习英语。孩子4岁了,她按照惯例也决定送孩子去幼儿园。

第一天在幼儿园,万幸的是竖仁对幼儿园感兴趣,偶尔也抬头确认一下妈妈在不在外面站着。他对新玩具和朋友表现出了他的关心,看来孩子适应得还不错,但是当妈妈放下心离开的时候,孩子就跑出来拽着妈妈大哭起来了。幼儿园的老师说孩子们刚开始都会这样,但是孩子哭得实在是太厉害了,竖仁妈妈都觉得好像是把孩子送进孤儿院一样,心里非常难受,再加上竖仁的脾气非常倔强,怎么哄都不行,所以竖仁的妈妈就考虑,孩子这么不愿意,是否有必要强迫孩子上幼儿园,最后还是决定等到孩子愿意的时候再说,就领着孩子回家了。

邻居家的孩子们都喜欢到熙哲家玩,因为熙哲的家是孩子们的"自由地带"。熙哲家里不仅有玩具枪、新游戏机等很多玩具,而且不用担心弄乱房间。只要是孩子想要的玩具,熙哲的妈妈几乎都给他买,想看的电视节目可以尽情地看,第二天早晨睡懒觉也可以,不吃不愿意吃的咸菜或者不好吃的菠菜也可以,可以尽情地喝可乐、吃饼干和冰激凌。

熙哲的妈妈认为,大人不能随意忽视孩子们的意愿,孩子们会在成长中自己学会区分对与错,学会自我调节,所以大人没有必要给孩子们画出界限。熙哲的母亲担心,如果从小强调规则和纪律,就会伤害孩子们的创造能力,她认为父母的任务,就是伴随在孩子身旁,帮助他们做他们想做的事情,只有这样,孩子才能带着自信勇往直前。

□　□

竖仁和熙哲的妈妈,都是属于自律型妈妈,他们通常对孩子持有宽松、肯定的态度。他们不会刻意要求孩子遵守规则和纪律,也不会奢求孩子的成熟举止,只是希望孩子能够按照他们自己的意愿进行各种各样的尝试,从中了解这个世界。他们认为对孩子来说,最重要的是独立性和自信心,所以即使看到了孩子将要面临失败,也不会提供帮助,更倾向于观望。自律型母亲认为,孩子们只有通过亲身经历,才能真正了解这个世界,不是父母或者其他人教得了的。

自律型父母愿意成为孩子的资源,只要他们需要随时就能提供帮助,所以他们反对管制孩子,或按父母的标准养育孩子。 他们制定家庭纪律或规则的时候,也会尊重孩子们的立场和意见,不会强迫孩子去遵守由大人单方制定出来的纪律或规则,而且引导孩子针对各种各样的情况进行自我调节。

自律型母亲看起来不怎么关心孩子,有些过于放任孩子。孩子们从小习惯于自由、自律的行动和思考,所以与其他的孩子相比充满着自信,而且又因为他们从小开始,就有很多在大人面前表达自身想法的机会,所以他们的社交能力大都很强，患上抑郁症的倾向也很低。

　　与此相对应的问题是，因为孩子们的生活里充满自由，管制少，所以他们身上可能缺少秩序和节制，或者责任感，所以有可能出现一些行为问题，或者学习成绩和他们的能力不成正比的现象。

育 儿 提 示 ·······························

　　自律型母亲既然已经给予了孩子无限的自由和自律的权利,那么必要的时候也需要适当的管制,尤其是孩子还小的时候,父母与其给与孩子过多自律的权利,还不如给与孩子在限定的范围内进行选择的权利,这是因为如果没有纪律和约束,孩子有可能就会感到迷茫。

　　父母一定要让孩子理解,父母让他们自行解决问题,并不是因为父母不关心他们,不爱他们。父母也要让他们明白,只要他们需要帮助,父母随时都做好帮助他们的准备。父母也应该清楚地了解孩子日常生活中发生的变化,如果孩子需要父母的帮助,就应该能和孩子自然地进行沟通。

01

无条件的宽恕
让孩子觉得父母"不关心"他们

　　我的孩子刚过两周岁的时候,发生了这样的一件事情。 孩子一直是非常听话,但是那一天孩子突然要驴脾气,又哭又闹,我不得不拿起了棍子,我把孩子领到安静的房间,先对孩子说明了为什么要挨打,还问孩子想要挨几下,孩子明白了妈妈真的生气,就害怕了,用蚊子般的声音回答说,"三下",我顾不得维持严肃的氛围和我的尊严,就笑出来了。

　　孩子当时正在学习数数,知道的最大的数就是"三",他最喜欢的数也是"三",所以问他几岁,答案是"三",问他吃几个,回答也是"三",当孩子在挨揍的时候,回答仍然是"三"。从那以后,我训斥孩子的时候,尽量避免啰嗦的解释,当然也不会给孩子选择挨揍次数的权利。

选择符合当时情况的恰当的训斥方法

我们养育孩子,当然觉得自己的孩子既可爱又乖巧,然而我们责骂和训斥孩子的时候更多。训斥的方法也是多种多样,根据孩子的年龄和当时的情况,恰当的训斥方法也不一样,比如说:你的孩子在外面和别的小朋友打架,把小朋友给打了,那么下面的方法中,哪一个才是最有效的训斥方法呢?

第一个方法,就是不舍得打孩子也要狠狠地训斥孩子,不能让他再犯这种错误,改掉孩子的这种不良行为,尤其对男孩子,就会经常出现忍不住拿起棍子的情况。父母有时根据需要,可以拿起棍子,但是重要的是一定向孩子们解释清楚,让他们明白为什么挨揍。

第二个方法,就是说教,教育孩子不能再犯同样的错误。为了使孩子们明白自己做错了什么,防止他们再犯这个错误,最好的方法就是先倾听孩子的话,然后再对孩子进行说教,但是倾听孩子的话并非那么容易,父母说着说着很容易就会激动。孩子们有时候可能不会对父母一五一十地解释事情的缘由,这个时候父母只能单方对孩子进行说教,要特别注意不要触及孩子们的弱点,伤害孩子的自尊心。比如:孩子因为打弟弟受到训斥的时候,父母不应该对孩子说,“打弟弟是个坏孩子”,把孩子变成一个坏孩子了,而应该说,“打弟弟是一种坏行为”。针对孩子具体的行为进行训斥。

第三种方法,就是让孩子进屋面壁思过。这种惩罚方式可以把孩子从现在进行的活动中隔离开来,是幼儿园的老师经常使用的方法。我对我的第二个孩子,也经常使用过这种方法。孩子犯了错误,我就先给孩子简单解释错在哪里,孩子认同了,就让他进屋独自反省 10 分钟。这种方法可以避免父母和孩子面对面地争吵,所以非常有效。但是这种方法用得多了,孩子就有可能在屋里玩 10 分钟就出来,所以有时需要父母的监督。

第四种方法,就是父母不作出任何反应,让孩子们自我反省。大多数的父母不会采用这样的方法,因为孩子们犯了错误,父母就会忍不住要么进行体罚,要么即时进行说教。从父母的立场出发,明明知道孩子错了,不作出任何反应是很难的,但是孩子自己都觉得做出了让父母生气的事情,如果父母忍着不作出任何反应,孩子就会放下悬在半空的心,自己就会反省,下一次再也不能这么做了。但是,只有判断出孩子完全能够自己认识到错误的情况下,才能使用这种方法,因为每次都这样的话,很明显这是个错误的教育方法。

孩子会觉得什么样的惩罚最有效

孩子们作为当事人,会觉得什么样的惩罚最有效果?

为了得到这一问题的答案,研究者以 4 岁到 18 岁的孩子为研究对象,进行了调查研究。他们先让孩子们看到一些应该受到惩罚的行为,然后让他们说出哪一种惩罚会更具效果。

研究者给孩子们提供了如下的情况,妈妈交待了出门之前收拾屋子,孩子没有做到;孩子在学校把其他孩子给打了,老师往家里打来了电话;明明已经告诉孩子不要触摸炉子,但是仍然烫伤了手;父母把弟弟托付给孩子外出,孩子由于忙于和朋友玩游戏,没能照顾好弟弟,让弟弟受伤等等。研究者给孩子提供的惩罚方法有说教、体罚、进屋面壁思过和自我反省四种。

研究结果显示,孩子认为最有效的惩罚方法就是说教,他们认为好好跟他们说,都能听得懂也能认识到错误,没有必要非要使用棍子,他们觉得这是多此一举。出乎意料的是,体罚是孩子认为的第二位有效的惩罚方法,同时他们认为面壁思过和自我反省是最没有效果的方法,尤其是4岁到9岁的孩子,认为任何惩罚方法都比自我反省的方法有效果。

孩子犯了足够让父母生气的错误,父母为了让孩子们自我反省,自己认识到自己的错误,一次是可以不作出任何反应,放过他们,但是这里所说的"放过"是指孩子们犯的错误足够让父母暴跳如雷,但是父母却"放过"他们没有追究的情况,当然,站在父母的立场,或许有很多的理由这么做,但是孩子却会认为这是父母不关心他们。

训斥孩子当然不是一件令人愉快的事情,但是很明显是父母角色中很重要的组成部分。孩子们也希望大人指出他们的错误,使错误得到改正。孩子们最不喜欢的事情不是体罚而是父母对他们的漠不关心。父母有时过于考虑孩子的立场或者过于相信孩子,就会忽视孩子所犯的错误,这时孩子很可能就会觉得父母不关心他们。父母面对需要训斥孩子的情况,首先应该想到的是训斥的目的,应该采用符合孩子年龄特征的恰当的方法,让孩子们看得到父母的爱和关心。

02
3岁时的"攻击性行为"习惯
会延续到 80 岁

　　孩子小的时候,我经常和有孩子的朋友聚在一起吃饭,举行各种聚会。孩子们就会一起玩耍,但是每一次不会超过 30 分钟,总是有一两个孩子哭着找妈妈,其原因一定是由一个叫做艺帅的小女孩引起。艺帅有两个哥哥,在家里是个受宠的小公主,她有一个要命的坏习惯,任何事情只要不顺她的意,她就不管三七二十一,就开始咬人,大多数邻里家的孩子,几乎都被她咬过。艺帅的母亲是个有礼貌,对孩子要求严格的妈妈,每当孩子咬人,就会狠狠训斥孩子,也打过孩子的屁股,但还是很难改掉孩子的这个坏习惯。

攻击性孩子的需要

　　孩子们到了需要去幼儿园的年龄段,有些孩子会出现咬人、打架等攻击性行为。这时我们不能认为"孩子还小",而忽视这个问题,应该想办法改正孩子的这种坏习惯。如果孩子儿时的一些不良行为没能得到及时的改正,长大成人之后也很难改掉这些不良行为。

孩子表现出攻击性行为，首先应了解出现这种行为的情况的原因，应该仔细搞清楚出现攻击性行为之前的事件，具体的行动和造成的结果，特别是父母应该准确了解孩子出现攻击性行为的原因。

那么，孩子采用攻击性行为的理由是什么呢？

第一，孩子们通过攻击性行为得到一些东西。孩子们通过这种行为成功地把父母、教师或朋友的注意力吸引过来，或者得到了他们想要的东西，或者得以进行自己想做的活动。艺帅的情况也是一样，她看上其他孩子手上的玩具，不管三七二十一就咬那个孩子，如果孩子通过咬人或打人的方法得到过别人的玩具，下一次为了得到玩具，很有可能也会采用同样的方法。

第二，孩子想通过攻击性行为，来回避他们不喜欢的东西。孩子们为了躲过自己不愿做的事或者难题，也会采取攻击性行为，比如，孩子不喜欢运动，他有可能为了不做运动，采取推倒朋友接受老师惩罚的方法，因为受罚时间就不需要做运动了。

第三，孩子想通过攻击性行为，改变周边的环境。人们一般偏爱存在适当刺激的环境。如果刺激过多或过少，我们为了增加或减少刺激就会作出一些反应。例如，孩子如果不喜欢音乐声音过大，或者人很多的嘈杂环境，他们为了避开这样的情况，有可能就会选择采用攻击性行为，接受惩罚来达到从这样的环境中走出来的目的。

如果孩子们通过攻击性行为，达到过自己的目的，孩子的攻击性行为就不容易消失，所以父母应该改变惩罚的方法或环境，防止孩子们通过攻击性行为达到他们的目的。艺帅的情况，父母就应该把孩子抢过来的玩具，当着孩子的面还回去，惩罚她不能和朋友们一起玩，或者再也不让她到朋友家里去玩，这样应该会得到不错的效果。

还有需要注意的一点是，反复体验过这种"成功"的孩子，他们有可能会把事情的前后因果关系，变成攻击性意图。

美国杜克大学的道奇(Dodge)，比较研究了孩子是如何记忆和说明朋友之间发生的日常事件的因果关系。他把孩子之间有可能经常发生的事件，画出来给孩子看。例如，搭积木的故事中，两个孩子搭积木，其中一个孩子取笑了另一个孩子，于是被取笑的孩子，就把对方搭好的积木推倒了。研究者让孩子看这个故事的一张张图片，要求孩子们对每张图片进行说明，并记录了孩子各自看图的时间。

结果显示，存在攻击性行为的孩子，看图的时间要比正常的孩子短得多，他们对前后图片之间的关系的说明也很简短。对于推倒积木的图片，不存在攻击性的孩子们说这个孩子是因为受到了对方的取笑，所以作为报复就推倒了对方的积木；但是存在攻击性行为的孩子，却认为这个孩子之所以推倒对方的积木，就是因为他是个坏孩子。虽然这个研究比较研究了注意力散漫的攻击性孩子和普通孩子，但是同样也可以适用于那些经常和朋友吵架、容易兴奋的孩子身上。

认不清自身情感的孩子

根据美国华盛顿大学卡兹(Katz)教授的研究，经常和朋友吵架被朋友们孤立的幼儿，与普通幼儿相比，不善于控制自己的喜怒哀乐等各种情感，也不能恰当地表达自己的情感,自我调节能力也比其他孩子差。比如说,有生气的事情发生,或者给他们观看能引起悲伤情感的电影,他们会比其他孩子更生气更悲伤。

卡兹教授认为,孩子之所以认不清自身的情感,也不能恰当地表达情感,有可能与他们的母亲有关,所以他们把孩子分成普通孩子和被孤立的孩子,连带着他们的妈妈一起进行了研究。他们首先录下了孩子和小朋友在家一起玩耍的场景,观察了孩子是如何和小朋友进行妥协、融洽相处,然后又对妈妈进行了问卷调查,调查孩子是否经常发火哭闹、孩子的攻击性行为等问题到底有多严重。他们又在与妈妈的面谈中,让她们讲述了自身曾经感到悲伤、愤怒、恐惧的经历,询问了如果她们的孩子出现了这样的情感,她们会采取什么样的行动和态度。研究者通过这样的调查,了解到了妈妈是否能够认清自身的情感、是否能够认清孩子的精神状态、是否对孩子的情感进行指导等。

根据研究结果来看,被孤立的孩子,他们的母亲不仅迟钝于自己的情感,而且缺乏对情感的理解。她们对孩子的情感状态也不甚了解,在指导孩子情感问题上,也显示出了不足的一面。她们大都不了解产生某种情感的原因,所以她们也不知道如何应对子女的情感问题,不知道锤炼孩子情感的恰当方法。

卡兹教授分析,如果父母缺乏对自身情感的思考,他们的孩子在表达自己情感时往往也迟钝,和他人的情感交流也很差,同龄朋友之间发生问题的可能性也会很高。

情感表达也需要练习

孩子到了能够表达自己的情感或想法的年龄，最好是能训练他们如何来表达自己或他人的情感或想法，比如说，哥哥把玩具让给了弟弟，你就可以让弟弟说一说哥哥的心情，让哥哥谈一谈弟弟的心情。如果孩子说话还不行的话，妈妈可以代替孩子说一说小哥俩各自的情感和想法，让孩子不仅学会换位思考，而且可以学到恰当的语言表达。

我在美国留学的时候，美国朋友们经常问我，"**How do you feel？**"（"你今天觉得怎么样？"）每次面对这样的问题，我都觉得非常紧张，不知道该如何回答才好。美国人对积极表达自己的情感和心情非常熟练，但是韩国人从小学到的却是含蓄表达自己的情感，认为这是一种美德，所以不知不觉间变得迟钝于情感表达。但是如今已是沟通的能力和自身能力同等重要的时代，现在的社会不仅要求有调节好自身情感的能力，而且还要求有理解和关怀他人情感的能力。

父母应该教会孩子推理他人想法和情感的方法，不能让孩子只重视自己的情感和立场，不理解同龄人或周围其他人的情感和立场，不能让孩子因为调节不好自己的情感而发脾气，或者做出攻击性行为。父母在孩子们的日常生活中应该积极引导，让他们进行恰当的表达情感的练习。

03
情感表达也需要指导

我曾经给 5 岁孩子的妈妈进行过教育辅导，参加辅导的妈妈最担心孩子被"孤立"。父母面临孩子的入学，担心孩子在学校被其他小朋友们孤立，这一问题已经成为父母最担心的问题。

最近，以小学生为研究对象，有过一次试验，研究被孤立的学生和其他学生的情感表达有何不同。研究小组安排孩子和第一次见面的朋友进行棋盘游戏，他们故意安排有的孩子输掉所有的两场游戏，第一场游戏安排成让对方堂堂正正地赢得比赛，第二场游戏安排成了，对方作弊取得了胜利。研究小组通过孩子在游戏过程中的表情和言语、身体语言等观察孩子们如何表达愤怒、悲伤和喜悦。

研究结果显示，被孤立的孩子如果处于输掉比赛的境况，言语上表现出了更多愤怒的情感,相反处于取胜的境况,他们通过身体语言,表现出了更多喜悦的情感。

我们通过这样的实验,可以得到这样的结论,无论是生气还是愉悦,被孤立的孩子与其他孩子相比,表现出了不善于调节自身情感的特征。如果高兴了,他们就不顾对方的情感,充分表达出自己的喜悦;如果生气了,他们就无法忍耐,直接表达出了他们的愤怒。

被孤立孩子具有的特性

孩子什么时候才可以说出他们为什么感到高兴、生气或恐惧呢?孩子什么时候才能知道缓解愤怒和悲伤的方法呢?

心理学家刘庆和闽景焕以3～5岁的儿童作为研究对象,进行了针对以上问题的研究,其结果表明,根据不同的年龄,诱发各种情感的事件也各不相同,比如,3～4岁的儿童回答说,他们得到喜欢的玩具或收到生日礼物的时候最高兴;4~5岁的儿童回答说,受到老师或父母的表扬,得到他们的认可最高兴;5岁的儿童回答说,与父母长时间在一起,或者和小朋友们一起玩他们喜欢的游戏时感到最高兴。

他们同时也用问卷调查了在什么样的情况下,孩子们会生气。3~4岁的儿童回答,和朋友打架、朋友之间出现分歧的时候会生气;4~5岁的儿童回答说,不仅是朋友之间出现分歧的时候,而且当某件事情不顺他意的时候也会生气。比如:有个孩子说,"做手工的时候,由于总是发困,做不好的时候就会生气",还有就是受到妈妈的责备,也是生气的情况之一;5岁的儿童回答说,比赛中对方作弊的时候感到最生气。

他们也询问孩子是否有能够缓解生气和悲伤的情感,如果能的话,他们使用了什么样的方法。绝大多数 3~4 岁的儿童认为,没有办法缓解;过半数的 4~5 岁的儿童认为,可以缓解,比如:某一个 5 岁的孩子玩玩具汽车的时候,有个小朋友把他的汽车踩坏了,于是这个孩子就找到了一种积极解决问题的方法, 他认为"和那位小朋友换一个好的汽车就可以"。有一个 4 岁的孩子想出了什么也不做,等待心情好转的方法,或者要求妈妈或其他人的帮助。 还有一些孩子认为"只要没踩坏不就可以了吗?" 回答得孩子气十足。

我们通过这一研究结果可以看出,3~5 岁的儿童也根据不同的年龄,有着不同的产生各种情感的原因,尤其是孩子们到了 4~5 岁的时候,才能够调节愤怒和悲伤的情感。4 岁的儿童想出的主要调节方法,大都是不切实际的方法,但是 5 岁的孩子,就可以想出解决问题的直接方法。

如今,大多数的孩子在 5 岁之前,就已经在幼儿园和同龄的孩子们开始集体生活,所以对于 3~4 岁的孩子,也有必要教给他们调节情感、恰当地表达自身情感的方法。

情感指导的五个阶段

那么,父母如何才能让孩子们恰当地调节好自己的情感呢?有关这一问题,美国华盛顿大学的加特曼(John M. Gottman)认为,父母应该像运动员的教练那样指导孩子调节情感。

情感指导分成如下的五个阶段。

第一,父母应该对孩子们的情感,十分关切。重要的是父母不能无视孩子们的心情, 或者觉得不是什么大不了的事情, 应该对孩子拥有最大的关心。电影《真爱至上》讲述的是一位父亲和儿子的故事,父亲长时间沉浸在丧妻之痛中,而上小学的儿子陷入了单相思。这位父亲某一天突然从自身的悲伤中清醒过来,却发现自己的儿子把自己关在屋里闭门不出,这位父亲这才意识到自己的错误,开始关心孩子,并努力尝试重新建立父亲和儿子之间的沟通,这就是两人关系的开始。

也就是说,无论在什么时候,作为父母应该对孩子的情感,十分关切,要了解他们的状态。 如:孩子睡觉时间变长,变得不正常;孩子坐在电视机前,长时间发愣;孩子变得消沉等等现象出现,父母就应该仔细观察孩子身边正在发生着什么样的事情,应该及时和孩子进行对话沟通。

第二,孩子们发火或者耍脾气的时候,抑郁或悲伤的时候。父母不能一味地责骂孩子或者觉得麻烦,应该利用各种机会来理解孩子,拉近与孩子的距离。电影《真爱至上》中有这样的一幕,给我留下了深刻的印象,悲伤的父亲非常真挚地聆听孩子的心声,陷入单相思的儿子觉得"世界上没有比爱情更痛苦的事情",这位父亲就是通过聆听孩子心声方法,恢复了父子之间的关系。 孩子因为好朋友的转学或搬家而悲伤的时候,如果对孩子说,"你不要这样悲伤,过不了多久你就会忘记的",孩子就会觉得你是在无视他的情感,进而会关闭心灵之门。

第三,帮助孩子们认清他们的情感,同时也要做到聆听孩子们的心声。例如,如果孩子不愿意去幼儿园耍脾气的时候,父母不要一味地指责孩子,而应该一边容忍孩子的脾气,一边帮助他们认清自身的情感,你可以对孩子说,"是啊,妈妈也知道你现在的心情,妈妈有的时候也有和你一样的感觉。"

第四,帮助孩子给他们的情感界定一个恰当的名称。小孩子经常解释不出，自己所感觉到的复杂的情感到底是什么，父母可以对孩子说，"你是不是饿了？生气了吧？"帮助孩子们认清自身的情感。如果孩子们认清了他们所感觉到的是什么样的情感，有时就会很容易找到解决问题的方法。

第五，寻找解决问题的方法的同时，给孩子划出界线。如果孩子耍脾气，不愿意去幼儿园，想和妈妈在家一起玩，你可以给孩子提供如下的解决方法："你看，这样怎么样啊？你周六不用去幼儿园，周六和妈妈一起在家玩吧，我们可以一起读书、一起搭积木，怎么样？很有意思吧？那么，你今天就得去幼儿园了。"

心理学家加特曼认为，如果孩子在成长过程中接受了父母的情感指导，学到了如何处理人生悲伤、高兴、气愤的事情，他们就要比那些没有得到指导的孩子，学业成绩更优秀、身体更健康、周围的朋友也更多。正因为如此，父母应该时刻关心孩子们的情感状态，通过指导他们根据情况恰当调节并表现自己的情感，来提高孩子们的情感智能。

04

恰如其分的体罚
不会给孩子留下伤痕

"孝利呀,坐下来乖乖吃饭!"

孝利的妈妈和一些好久没见面的朋友们正在吃饭,但是由于孝利和几个孩子把饭店当做了他们的运动场,又跑又叫的,大家吃饭都不得安宁,周围的客人也用责备的眼神望着孩子们,但是妈妈们就是制止不了他们。

我在超市或饭店,经常见到一些母亲任由孩子耍脾气捣蛋,如果放在过去,孩子们的屁股早该挨揍了,但是如今的大多数妈妈不要说打孩子,反而只会任由孩子们胡来,不采取任何措施。

我们国家的学校,如今除了一些特别的情况之外,不能再对学生进行体罚了,在美国法律上就禁止教师甚至是父母对孩子实施体罚。 我们养育孩子肯定会碰到需要体罚的情况, 所以我们经常在美国饭店或百货商店的洗手间里碰到被父母"拉进来"的孩子。虽然法律禁止对孩子实施体罚,认为体罚是野蛮人的行为,但是某种程度的体罚还是被人们所认可的。

美国最近的一项研究结果指出,恰当的体罚不会给孩子造成伤害,这项研究结果受到了人们广泛的关注。美国伯克莱加州大学的心理学家戴安娜·鲍姆林德(Diana. Baumrind),是以研究父母的育儿类型而闻名于世。 根据她在2001年美国心理协会上发表的一项研究结果表明,只要体罚恰当,接受和没有接受体罚的孩子,在发展和适应方面,没有什么特别的区别,这里所说的恰当的体罚是指,以改善孩子的行为举止为目的打孩子的屁股和腿,或者用手打孩子手掌,而对孩子的脸或身体的重要部位进行殴打,或者打伤孩子的体罚,当然被排除在外。

鲍姆林德为了观察体罚对孩子的影响,比较研究了小时候有体罚和没有体罚的孩子,结果发现有过体罚的孩子长大成人之后,在自信心或者行为上并没有出现负面的结果。身体上的体罚并没有比嘲笑等语言惩罚,给孩子造成更坏的影响。

鲍姆林德针对美国中上层家庭,进行了长达10多年的观察研究,她观察了父母对孩子的体罚程度和孩子的社会、情绪发展之间的关系,她发现96%的家庭使用了体罚的方法,其中84%的家庭使用到孩子8~9岁的时候,38%的家庭使用到孩子14~15岁的时候。这样的数值告诉我们,美国中上层家庭比我们预想的还要更多地使用体罚,就像我们所知道的那样,美国中产家庭虽然不使用过重的体罚,但是他们也使用着像打孩子屁股或腿,用手打孩子手掌等恰当的体罚,尤其是孩子在幼儿时期,更加经常使用,调查显示,绝大多数的孩子犯错的时候都受过父母的体罚。 因为这些资料出自法律明令禁止体罚的美国,所以足以让我们吃惊,但是反过来也更能证明资料的真实性。

总的来说，重要的是孩子通过体罚能学到什么，而不在于是否实施体罚。体罚可以立刻停止孩子错误的行为,但是如果对所犯的错误不加以解释的话,孩子就不会认识到自己的错误,反而会埋怨父母,而且没有解释的体罚会阻止孩子们培养自我抑制坏行为的能力，会阻断学习解决问题的方法的机会,也有可能给孩子们传达错误的信息,让他们认为可以使用暴力来解决问题。

管理孩子的信号灯

如果父母不阻止孩子错误的行为,一味地忍耐和容忍也是不正确的,我们可以容忍他们孩子般的行为， 但是这种容忍也是以不伤害其他人作为前提的。

华盛顿大学的加特曼提出,应该把管理孩子的方法也像信号灯一样,分成三种颜色,三种行为领域,分别制定出各自不同的规则。

比如说,草绿色领域,包含了好的行为,在饭店乖乖地坐着吃饭、和朋友分享自己的玩具等,都是父母所期望看到的行为,所以自然就会包括到这一领域。

黄色领域里,包含了虽然不能算是好行为,但是因为一些特殊理由能够容忍的行为,比如,孩子生病耍脾气、在爷爷奶奶面前做出一些平时不能容忍的不礼貌的行为等。 在这样的情况下,父母可以明确地告诉孩子,虽然他们的行为是不可容忍的错误行为,但是由于特殊原因就不再追究了。有些孩子与同龄孩子的相处有些问题，他们不让到他家里来玩的小朋友碰他的玩具，这种行为是孩子需要改正的问题，所以可以告诉他们，这是错误的行为，但不实施惩罚。

最后是红色领域，这个领域包含了绝对不能容忍的行为，有可能对自身和他人造成伤害的行为，就是属于这一领域。有些行为虽然属于黄色领域，但是知错不改，反复这种行为的话，这种行为也是属于红色领域。

父母必须明确地告诉孩子如果他们做出那些属于不同领域的行为，就会得到什么样的结果，也就是说，明确告诉孩子们绿色领域里的行为，将会受到赞扬和嘉奖；特别的情况下才能容忍黄色领域里的行为；红色领域里的行为将会受到惩罚。

加特曼博士认为，父母是应该用爱来对待孩子的，但是需要管制的时候，就要确实地对他们进行管制，只有这样做孩子才会有自信心，更好地适应社会。我们要知道，如果父母对孩子漠不关心，或者找不到适当的管制孩子的方法，就会对孩子产生负面影响，这种负面影响远比体罚严重得多。

05

能够做到忘我投入的孩子
可以幸福成长

　　我们的研究院,曾经按小组辅导过5岁的孩子。 我在课堂上问过孩子最近是否有烦心事,什么事情令他们最烦恼。俊浩看起来有些早熟,他的回答让我很意外,他回答说,"我们和大人一样累",接着其他的孩子纷纷发表了自己的见解,孩子在课堂上从来没有这么活跃过,于是我借着孩子的积极劲儿,趁机又问他们,令他们觉得最累的事情是什么,孝利回答说,"做作业和帮忙做家务",其他的孩子也异口同声地回答,他们也觉得最累的是"做作业"和"帮忙做家务"。孩子做的家务,充其量也就是收拾自己的房间,倒垃圾等家务,但是他们却觉得做作业和帮忙做家务最累,我有些感到好笑,同时也担心孩子这么小,就已经开始感觉到人生的苦涩。

幸福遗传因子——忘我投入

如今很多父母认为,只要孩子长大走进社会,能够对自己的事业满足,觉得幸福,也就没有必要一定要拥有像医生、审判长等体面的职业。既然这样,我们应该如何做,才能让我们的孩子热衷于自己喜欢的事业,觉得每天都幸福呢? 我们大概能从以专门研究"幸福"而闻名的米哈里·契克森米哈赖(Mihaly Csikszentmihalyi)教授身上得到启示。

芝加哥大学的米哈里·契克森米哈赖,30 多年潜心研究了如何才能过一个既有意义又令人满意的人生。 米哈里·契克森米哈赖童年经历了第 2 次世界大战,他的父亲曾是匈牙利的高位官僚,战争爆发以后,米哈里随父逃到了意大利。年幼的米哈里身处战争的中心,看到了很多人离开自己的祖国寻找新的活路,有些人因失去所有的东西,而处于自暴自弃的生活状态,可是有些人则没有放弃希望,乐观地开创新的人生。战胜逆境的人并不比那些对人生失去信心的人更富有或更有学识,战争爆发以前,他们都是一些极为平凡的人,但是他们与生俱来的乐观精神,战胜了战争的痛苦。米哈里·契克森米哈赖这样的童年经历, 促使他关心起怎么样才能让人变得幸福的问题研究,而且经过长期的研究,找出的幸福因子就是被称做"忘我投入——FLOW" 的概念。

米哈里·契克森米哈赖首先提出了 FLOW 的概念, 他说人类最快乐的状态,是融入到一个具有挑战性,也符合个人能力的工作中去,全力以赴、尽情发挥,完全忘记其他事物的存在。他把这种状态叫做"FLOW"。米哈里曾经采访过的一位芭蕾舞蹈家,她说当自己随着音乐翩翩起舞,身体的动作达到自然协调,达到一种忘我的状态时,觉得最幸福。 当你全身心投入到解决数学难题之中,你的耳朵听不到别人的说话声,听不到周围的噪音,当问题得以解决,却发现已经过了相当长的一段时间,这种状态就是 FLOW。

FLOW 主要是在有明确的目标,对课题有迅速的反馈,在自身能力和课题之间有一种平衡的时候才能发生,这种忘我投入的状态,人会全神贯注于某件事情,这绝不是外因所能做得到的,这是因为自己喜欢这件事情,所以才会感觉不到时间的流逝,才能进入到忘我的境界,即使碰到困难也会努力去克服它。

根据米哈里·契克森米哈赖的研究,各个领域里的成功人士会经常经历这样的 FLOW 状态,沉浸在自己喜欢的、富有挑战性的事情里,全力以赴,尽情发挥,忘记时间的流逝,这种忘我的状态肯定会是最幸福的时刻。如果孩子们深深沉浸在自己所关心的事情里,经历过 FLOW 的状态,他们就会觉得自己很有能力,就会找到自信,将来长大成人之后,也能成为一个有能力的人。

做自己喜欢的事情最幸福

事实上,很多孩子很小的时候就已经经历过各种各样的 FLOW。让我们想一想,婴儿学习翻身的时候,妈妈刚刚把孩子放平,也不知道是什么时候,他已经把身子翻过来了,还在那里忙着把压在身体下面的手抽出来,把自己弄得汗都出来了,还不停地哼哼,这个时候的孩子就是再累也不会停止尝试翻身。孩子学走路的时候也一样,他们摔倒了就再站起来,一天里也不知道重复了多少次这样的过程。孩子通过这样的过程,最终站起来的时候,脸上就会浮现出满意的微笑,别人看到这种微笑,也会让他们觉得幸福。还有就是孩子学习数数的时候,凡是他们看到的东西,他们都会"一、二、三"地数数,孩子也会画出数十张相同的画,直到他们觉得腻了。

就像这样,孩子们也不用父母教,就会自己找出让他们全身心投入的活动,并且在这些过程中体验 FLOW。那么,孩子们为什么还没过 5 年,就会说什么事情也不愿意做,没有什么有趣的事情呢?

理由之一,就是孩子被强迫进行一些与他们自身的特性或自身优势无关的活动。孩子 4 岁的时候,就要学习弹钢琴,5 岁的时候学习美术,孩子就要接受这些已经约定俗成的教育,所以他们与幸福的 FLOW 状态越来越远。

我认识的某一位母亲,为了让孩子学习英语和数学,没有顾及到孩子自身的意愿,孩子其实是想学钢琴。我通过对孩子的观察发现,这个孩子对音乐很有天分,在车里只听了一遍的歌曲,就能记住旋律哼哼,而且还能自己作曲,自我发挥。妈妈没有送孩子到钢琴学院学习,孩子就经常把桌子当做键盘,玩弹钢琴的游戏。如果这个孩子从事有关音乐的活动,很有可能就会经历 FLOW,因为人们把自身的长处发挥到极致,很容易就会进入到 FLOW 的状态。这位母亲就这样阻断了孩子得到幸福的宝贵机会。

为了了解孩子的闪光点,我们有必要好好观察自己的孩子。有些孩子的表达能力很强,他们能够恰当地使用各种词汇,编出非常有意思的故事;有些孩子善于画画,或者拥有非凡的想象力;有些孩子唱歌唱得好,也有些孩子跳舞跳得好;对周围的事物,有些孩子关心事物活动的原理,而有些孩子则更关心人。每个孩子都有自己独有的闪光点,当孩子进行活动时,就可以使他们的闪光点得以充分发挥,他们很有可能就会经验 FLOW。

家庭的爱是 FLOW 的基本条件

根据米哈里·契克森米哈赖的研究,曾经经验过 FLOW 的孩子,与家人在一起的时间比其他没有经验过的孩子，平均长 4 个小时。家是世界上最舒适的地方，在那里你用不着看别人的脸色，也不用自我防卫。孩子在家里用不着害怕失败，可以以平常心进行新的尝试，但是如今的孩子呆在学院的时间要比在家里的时间还要长，所以他们的这种尝试的机会正在逐渐减少。

可能也是由于这个原因，如今很多的孩子却是全神贯注、忘我投入到电脑游戏或看电视的活动中。他们玩电脑游戏的时候，看起来好像会忘记时间的流逝，也听不到旁人的说话声，就是在平时，他们也交流研究如何才能提高自己的游戏水平，经常和朋友们交换信息、交流心得。米哈里·契克森米哈赖指出，如果我们热衷于像看电视这样的被动的活动，很难经验真正的**FLOW**，而且孩子的这种忘我投入到电脑游戏和收看电视，会使他们轻易地放弃其他的活动。我们收看电视的时候是处在被动的地位，不需要我们的主观努力，积极性也调动不起来，这和我们参加的运动和学习生活是不一样的。电脑游戏虽然比收看电视更需要我们的积极努力，但是我们得到的是即刻效果和刺激性效果，所以如果孩子们习惯于得到这种轻而易举的即刻性效果，那么孩子们就不会对学习、运动、艺术体育等活动感兴趣，因为这些活动，需要他们付出坚持不懈的努力，得不到即刻性效果。

如果我们希望孩子们将来长大成人之后，能够热衷于自己的事业，能够全身心忘我地投入到事业中去，我们就应该从小仔细观察孩子，找出他们的闪光点，给孩子提供这个方面的经验，而且应该给孩子提供在舒适的环境中发挥自身能力的机会。父母应该认真观察自己的孩子，发现他们擅长的活动，也有必要确认一下，是否给孩子提供了时间和舒适的环境，让他们尝试充分发挥自身的能力。

06

善于交朋友的孩子
也善于解读他人的情感

　　我的第二个孩子上小学的时候,我和孩子共用了一部手机。 孩子每天能收到 50~60 条朋友的短信。有一个孩子为了做扁桃体的手术住院,他发来短信要求,手术的那一天早晨 6 点叫醒他,手术之前还发来短信说自己"太害怕了"。他的女朋友,还把她们的男朋友,令她们伤心的事情,也用短信发了过来。我觉得孩子真是可爱,我对此也觉得新奇,于是我就问了孩子,"那个女孩儿为什么把她和男朋友吵架的事情都告诉你呢?"孩子好像觉得这样的事情再平常不过了,回答说,"我们不是朋友嘛",孩子觉得问他这样的问题很奇怪,我反而成了一个奇怪的人。

轻松交朋友的秘诀

　　孩子开始和周围的同龄小朋友交往,也意味着开始了他们的社会生活。

大人的社会生活,归根结底还是人与人之间的问题,所以对于孩子来说,如何结成朋友关系也是很重要的。如果说父母和孩子之间的关系是垂直关系,是父母单方迎合孩子们的愿望,或者给孩子们划出界线,那么朋友之间的关系是需要相互协商和妥协的水平关系。

那么,什么样的孩子善于交朋友呢？为了了解这一点,曾经以 3 岁到小学的孩子作为研究对象的一项研究,观察了他们是如何交朋友。研究人员把未曾见过面的两个孩子配成一组,让他们见了三次面。实验临近结束的时候,他们发现有些孩子,很快就变成为了朋友,可是还有一些孩子仍然处于相互陌生的状态。

善于交朋友的孩子,有效地选择了两个人共同关心的活动或游戏,比如,看到对方正在玩着玩具车,他也拿着玩具车,很自然地接近对方或者拿着玩具车移动到了想结交的小朋友旁边。也就是说,他们首先观察了对方,然后再逐渐接近对方,并且尝试抓住一个能够让他们自然融入对方游戏中的瞬间。这样的孩子也善于帮助朋友、善于相互沟通、善于解决朋友之间发生的矛盾。

根据在英国发表的另一个研究结果,善于交朋友的孩子也善于解读别人的情感,知道如何恰当地作出回应。他们能够通过朋友的表情和行动,准确地把握朋友为什么发火、什么时候心情不好,并且知道如何做,才能使朋友的心情好起来,如果朋友的反应和他们的预想不一样,他们也能准确地把握朋友的情感。

善于交朋友的孩子,不仅理解朋友的情感,而且也能准确地读懂朋友的心思,所以和朋友玩游戏的时候,能够很好地互相协助,能够明了朋友是出于什么样的想法,作出这样的行动,同时也表现出了善于解决朋友之间矛盾的特征。通过以上的研究,我们可以知道,如果孩子能够很好地迎合对方所关心的事情或活动,就会善于结交朋友。

以前我在某大学讲心理学的时候,碰到过一个比较善于交际的男学生,每当考试的当天,他就会请班里的同学吃糖,我后来才知道,他是为了躲避男同学之间经常发生的打架斗殴,从小就是用惯了这样的方法。就像这样,交朋友其实就是从一起分享糖块、说出第一句好话等微不足道的关怀开始的。

解决分歧的有效方法

根据某一个研究结果,孩子们在朋友关系中,每小时会经历 5 ~ 8 次的分歧,每个分歧大约维持 31 秒,然后以某个孩子的单方失败或胜利而结束分歧。但是如果每一次的分歧中,总是失败或者就是取胜了对方,也觉得委屈的话,朋友关系也不会长远。善于交朋友的孩子,就是在自己的想法和朋友的想法不一致的时候,也能想出双方都能接受的方法来解决问题。

孩子通常是到了 8 岁的时候,才能理解有关两人之间的相互"协商"的概念,但是孩子很小的时候,我们也能教会孩子解决分歧的方法。下面一起看一下,为了能够让孩子有效地解决问题而进行的几个训练阶段。

第一阶段,用语言表达出使用建设性方法来解决分歧的意愿。

在这一阶段,我们应该用恰当的语言,表达出自己的意愿,例如:朋友想出去玩,而你却希望呆在家里,你就应该说,"怎么办呀!我有不同的想法,让我们好好想一想,哪一种方法更好"。

我家的老大在韩国开始上学的时候,有个孩子一到课间休息时间,就凑过来拍怕他的肩膀,碰一碰他的臀部。如果在美国孩子除了运动时间,几乎不会有身体上的接触,尤其臀部等敏感部位,除了医生或父母,就是老师也不能随便碰,所以孩子觉得相当难堪,但是过了几个月之后,不知道是怎么回事儿,他们竟然变成了最要好的朋友。后来听说,那个孩子当时想跟我的孩子交朋友,才表现出了那样的行为。

幸亏这种情况,得到的是一个好结果。这种情况,原本是足可以引起误会和分歧的,所以父母教会孩子如何恰当地表达出自己的想法和情感,这是非常重要的。

第二阶段,先说出自己的愿望,再说出其理由。

如果只是强调自己的主张,对理由不加以解释的话,是无法说服对方的,所以说服想到外面玩的朋友,你最好是把你的主张和理由一起说出来,"天气太冷了,我希望在家里玩积木"。

第三阶段,说出自己的感觉。

如果朋友一味地坚持自己的主张并且发火,而且这种分歧持续的话,你也许会跟着发火,或者会觉得委屈。这个时候,你不应该隐藏自己的情感,或让其爆发,而应该用恰当的语言表达出来,比如,"你总是不好好听我说的话,我有些生气了"。

第四阶段,说出对方的需求,把你认为的理由也说出来。

确认自己是否正确理解了对方的主张和其理由,也是很重要的,比如:"就是说,你觉得天气越冷,就越应该多运动,对吗?"

第五阶段,想出两个以上,对两个人都有帮助的解决方法。

尝试多方面思考,找出能够令两个人都能满意的解决问题的方法,比如提议:"我们这么办怎么样?我们先出去运动,回来再玩积木。"或者"我们先玩积木再出去玩怎么样?"

第六节段,共同选择一种解决方法,然后互相握手。

在这个阶段,两个人一起选择他们都能满意的解决方法,比如:选择先玩积木,再出去玩,然后两个人互相握手。

我按六个阶段的训练方法,具体实施了四周,结果发现,接受这种训练的孩子与其他没有接受训练的孩子们相比,自行解决问题的次数明显增多了。如果孩子从小接受这样的训练,就能够对不同的想法进行调整,能够找出两个人都满意的和平解决方法。他们可以在朋友之中起到解决纷争的作用,或者成为小朋友们争相交往的对象。

善交朋友的能力,远比背几个英文单词、数学公式重要得多,这种能力是孩子将来的生活所必须的重要的能力。我们的学校和补习学院,不会教给孩子结交朋友的方法,所以这个任务就落到父母的肩上。父母有必要关心和帮助孩子理解和关心他人的情感和想法,解决好朋友之间发生的问题。

07

边看电视,边聊天

"我们家的幼丽害怕看电视,她总觉得鬼能走出屏幕。"

满 3 周岁的幼丽,可能是因为曾经看到过的恐怖电影,所以她害怕看电视,幼丽家就把电视锁在柜子里,不看电视。虽然是和丈夫商量之后作出的决定,但是幼丽的妈妈还是苦恼,到底该不该让孩子看电视。

仁寿的父母放任孩子自由地收看电视。仁寿的妈妈从小受到了严格的教育,所以她认为如今自己沉迷于电视,就是因为小时候没有看够,所以她没有阻止孩子收看他喜欢的电视节目。

仁寿家的邻居慧丽家限制孩子收看电视, 父母规定了收看电视的时间和节目内容。慧丽今年 4 岁,她经常缠着妈妈要看电视。上小学的慧丽的姐姐,却忙着在电话里和朋友们聊电视剧,只要她去补习学院没能看上电视,就会给朋友打电话,询问电视剧的梗概。

应不应该让孩子收看电视

在孩子的日常生活中,电视早就成为了生活必需品。根据韩松研究机构针对 18 个月大的孩子实施的问卷调查结果,每天开着电视的平均时间达到 286.6 分钟,孩子们每天收看电视的平均时间是 70.1 分钟。这也就是说,每天大约有 5 个小时电视是开着的,孩子每天坐在电视前,收看一个多小时的电视。

研究人员访问各个家庭的时候,看到有 90% 的家庭开着电视或放映机,甚至他们拍摄妈妈和孩子的时候,很多家庭的电视还是开着的,电视的噪音影响了我们的谈话,有时甚至听不清妈妈的说话声。

我们的孩子平时收看什么样的电视节目呢? 我在美国和韩国的大学讲发展心理学的时候,经常给学生留的课题之一,就是让他们调查孩子收看什么样的电视节目。这个课题的进行过程,是首先让学生们采访他们周围的孩子,按年龄、性别,选定他们喜欢看的电视节目,然后让学生收看这些节目,以及其他的内容,测定节目中有多少攻击性场面,性的固定观念和利他的行为,再根据这个结果,判断这些节目是否适合孩子收看。

结果发现,美国学生和韩国学生的调查结果相当相似。首先很多的孩子收看的电视节目,并非是儿童节目而是成人节目,很多小学生收看以 20 岁和 30 岁为主要收视群的青春偶像剧,甚至还收看深夜的成人节目。调查结果也显示,儿童节目和漫画中也含有很多非教育类的内容,尤其孩子喜欢看的日本漫画中,含有很多过于煽情和暴力的内容。

根据某项研究结果,孩子喜欢看的漫画电影中有很多打斗、枪战、砸东西等内容, 这些内容每小时重复 25 次以上。孩子们收看这类节目越多,打架、不遵守纪律等不良行为也就越多,而且他们也没有耐性,完成不了班级里本应该属于自己完成的事情。

应该收看什么,怎么收看电视节目

大多数的家庭,就是不坐在电视机前收看固定的电视节目,也开着电视,孩子的生活多多少少就会受到电视的影响。

美国汉普郡学院的玛丽·埃文斯(Mary Evans)研究小组,发表了一个研究结果,他们说电视的噪音会降低孩子的注意力,也会降低游戏的水平。如果孩子每周平均收看了16个小时以上的成人节目,与其他孩子相比,他们的智力能力就会下降。我们自己收集的资料也显示,开电视的时间和孩子的词汇量成反比。

由于收看电视的时间变长所带来的负面影响,以及运动量的减少,人体对铁的吸收量也会减少,会妨碍大脑机能的活跃。根据伦敦国王学院的麦克·纳尔逊教授的研究结果,如果男孩子缺铁,他们在空间智能和非语言智能检查中,就会得到比其他孩子低10%以上的分数。

收看电视,也是造成孩子肥胖的最主要的原因。我们从描写美国家庭的电视剧或电影中,经常可以看到肥胖的孩子,或者大人手里拿着巨大的饼干袋边看电视边吃饼干,这样一边看电视一边吃东西,很难控制食物的量,而且通常孩子收看电视的时间段里,播出很多饼干、冰激凌等高卡路里零食的广告,所以孩子边看电视边吃东西的时间,自然就会变长,活动和运动的时间相对减少。

但是,电视对于孩子们也不是只有坏处。有个研究结果显示,收看电视有益于幼儿的学习。根据 2001 年美国儿童发展协会会刊上发表的一个研究报告,如果 2～3 岁的幼儿一天收看平均两个小时像"芝麻街"等的电视教育节目,他们在阅读、数数、词汇能力的测试中,会得到比其他孩子高出 10%以上的成绩。这项研究的负责人,得克萨斯州奥斯汀大学的教授艾丽莎·休斯敦(Eliza · Houston)认为,人们过少评价了电视对孩子们的积极肯定的效果。符合孩子年龄的电视节目,给孩子提供机会去学习人类智慧和社会发展所需要的技术,这种知识将来又会帮助孩子的学校学习,所以父母应该了解孩子收看的电视节目的性质,确认是否适合他们收看,再指导孩子们收看。

还有一个有趣的研究结果,就是当人们遇到了伤自尊心的事情时,就会更加专心看电视。美国宾夕法尼亚大学的索菲娅·莫斯卡连科(Sophia Moskalenko)和英国哥伦比亚大学的史提芬·慧恩(Steven. Hein)认为,如果人们遇到了伤自尊的事情或自己的脸面受到损伤的时候,就会出现专心看电视的倾向,人们想以此来躲避令他们烦心的事情。

他们对参加实验的大学生,实施了智能检测之后,告诉其中一组的是肯定的结果,告诉另外一组的是否定的结果,然后测量了他们收看电视的时间,结果发现得到否定消息的小组,看电视的时间要比得到好消息并觉得自豪的小组长得多。这个时候节目的内容无所谓,令人悲伤的电影也可以,或者拍摄自然的纪录片也没关系。就像这样,收看电视会给人们提供一个躲避情感痛苦的避风港,人们遇到伤自尊心的事情,就会企图通过收看电视来忘记不快的情感,维持自己的自尊心。

对于孩子来说,收看电视既不能全面肯定也不能全盘否定,重要的是收看什么样的节目、如何收看,所以不让孩子看电视并不是一个好方法,反而应该和孩子一起讨论这个节目是否对他们有益，指导他们培养有选择性地收看电视的能力。如果孩子坐在电视机前的时间超出了他们的需要，父母就应该尝试与孩子进行沟通，了解一下在学校，是否发生过什么令孩子郁闷的事情。

08

早睡的孩子
忍受压力的能力强

朱惠家里对孩子的就寝时间比较宽松，所以朱惠很多时候是边看电视边等爸爸回来，看电视看到很晚。

美妍家里对孩子的就寝时间，却管理得很严格，美妍的妈妈每天晚上9点就会关灯，让孩子上床睡觉。美妍的爸爸，每周最少有一两次给孩子们读故事，哄他们入睡，这个时候，美妍的妈妈就可以上网，在自己的空间里写写文章，享受属于她自己的时间。当然，刚开始培养孩子早睡的习惯，并不是一件容易的事情，所以美妍的妈妈，有意缩短了孩子的午睡时间，增加了白天的活动量，到了晚上9点就会让孩子准备就寝，给他们放一些柔和的音乐，坐在床边给他们读故事，甚至为了怕黑的美妍装上了暗灯。美妍的妈妈家里，就是来了客人，或者电视里播出有意思的节目，孩子吵着要看的时候，也会严格遵守就寝时间。美妍的妈妈认为,养成孩子早睡的习惯非常重要。

早睡,有了充分的睡眠
孩子才能长个子

让孩子早睡觉真的就这么重要吗?只要平时保持充分的睡眠时间,就寝时间是不是无所谓呢?很多的母亲确实有这样的想法,不太重视孩子的就寝时间。

但是,根据研究表明,平时早睡的孩子,在日常生活中,感觉到的压力更少,个子也长得好。如今的父母生怕自己的孩子长不高,真是为他们的个子劳神费力,尤其是在爸爸的个子不高的情况下,更是如此。他们很早就领孩子到成长诊所就诊,凡是对孩子的个子有好处的方法,他们就会照做。孩子的成长荷尔蒙,其实主要是在睡觉的时候分泌出来,所以孩子们的睡觉时间,就是他们长个子的时间。 每天有 60% ~ 70%的成长荷尔蒙,就在这段时间里分泌出来,所以新生儿每天最好是睡上 15 ~ 20 小时;1~2 岁是 11~12 个小时;5~6 岁是 10~11 个小时;小学高年级以上,到了青少年时期是和成人一样,每天最好是保证 8~9 个小时的睡眠时间。举个例子来说,如果是上幼儿园的孩子,就应该从晚上 9 点睡到第二天早上 8 点,才能保证充足的睡眠时间。 晚上 9~10 点,正是他们生理上发困的时候,应该让孩子养成这个时候入睡的习惯。

晚睡的习惯是
产生压力的诱因

孩子上了小学,一般就很难再遵守就寝时间,因为他们要学习到很晚,有很多的作业要完成。周末的时候,孩子因为要和朋友们玩电脑游戏,用手机短信聊天或打电话,所以很晚都不睡觉。孩子这种晚睡的习惯,不仅对他们的成长有害,而且也不利于化解精神上的压力。

根据哥伦比亚大学的布鲁斯·格恩教授的研究小组的研究,晚上 9 点之前睡觉的小学生们,要比晚于 9 点睡觉的孩子更能忍受压力,在考试或运动竞技中也取得了更好的成绩。布鲁斯教授,交给 138 名小学三年级的学生三个难题,然后检测了孩子唾液中的压力荷尔蒙肾上腺素的量,结果发现压力荷尔蒙和孩子的就寝时间是有关联的。早睡的孩子得到了第一个难题之后,虽然分泌出了很多的压力荷尔蒙,但是从第二个难题开始,荷尔蒙的分泌急剧下降。这也就是说,平时晚睡的孩子情绪上会觉得更加不安,会感觉到更多的压力。还有就是,晚睡的孩子,由于睡眠不足,他们的注意力也会下降。

布鲁斯认为如果肾上腺素分泌的时间过长,就会造成血压的上升和心脏的搏动加快,免疫体系就会变弱,容易得感冒或感染病菌,而且面对需要集中注意力来完成的课题,他们也很难集中注意力。

根据美国明尼苏达大学的克拉·沃斯特洛教授研究小组的研究,十几岁的孩子需要 8~9 个小时的睡眠,但是调查结果显示,大多数的学生睡眠不足,所以 20% 的高中生回答,他们在课堂上睡觉,有 50% 的学生回答,下午 3点左右他们的大脑最清醒。根据这样的调查结果,我们说相当一部分的学生,在梦乡中度过学校的大部分时间也不为过。

严重的睡眠不足,对孩子的成绩也会产生很大的影响,以色列特拉维夫大学的阿巴埃萨尔蒂斯教授认为,这是因为受到睡眠不足影响的大脑部位,主要和人的智慧及注意力有关。美国明尼苏达州的一些高中,受到了这些研究结果的影响,把学生的上学时间往后延了一个小时,目的是让学生得到充分的睡眠,再投入到学习中去。

培养早睡的习惯

早睡早起,是一个对孩子健康非常重要的习惯,但是有些孩子唯独就是做不到早睡,据说4位母亲中,就有一位为此问题而伤脑筋。为了培养孩子早睡早起的习惯,应该每天安排好睡前的时间该做什么。

爸爸或妈妈首先在8:30左右让孩子喝一杯温牛奶,开始做睡前准备,然后让孩子洗脸刷牙,上床后给他盖好被,在床边给孩子读一两篇故事,到了9点,就对孩子说"睡觉的时间到了,晚安",关灯出来就可以了。

如果孩子在沙发或在别的房间睡着了,父母就要把孩子移动到他自己的房间,孩子有可能醒过来或者自己醒过来,找妈妈了,所以最好是在孩子的房间或平时睡觉的固定的地方,做好睡前步骤。如果孩子被噩梦惊醒,不应该询问孩子做了什么梦,而应该拍拍孩子,让他再入睡。小学生以上的孩子,就应该限制他们晚上玩电脑游戏玩到很晚或者使用手机聊天,让孩子听一些柔和的音乐,来解除一天的紧张,让他们安详地入睡,还有就是午饭之后的时间,尽可能不让孩子喝一些像可乐、咖啡等含有咖啡因的饮料。

尤其重要的是,孩子不合作,你也绝对不能放弃,如果你彻底按照睡前的步骤坚持一周到两周,孩子就会养成良好的睡前习惯,孩子就能得到充足的睡眠,爸爸妈妈也可以度过悠闲的晚上时间。

09

英语教育
比时机更重要的是方法

我曾经在芝加哥举办的研究会上遇到了一位美国教师,他在位于美国新罕布什尔州的一所小学工作,主要是教移民过来的孩子们英语,开会期间也帮我修改我的英文报告。有一次,她问我什么是学习英语的最好方法,我思考一会儿之后回答:"我认为最好的学习方法就是实际使用英语,到美国学习英语,是最好不过了。"

"是啊!就是这种方法,所以像你说的那样,现在人们都到美国来学习英语,美国也因此变成了最容易学到世界各国语言的地方,但是我真是不明白美国人,为什么不想学习他国语言。"

我听到她的这番话,就想起了一个笑话,"能说两国语言的人被叫做'能说双语的人 bilingual',能说三种语言的人被叫做 '能说三种语言的人

trilingual',而只说一种语言的人被叫做'美国人'。"这个笑话讽刺了美国人对外语的漠不关心。

什么时候应该开始学习英语呢?

"英语教育"如今俨然已经成为父母最关心的大事。如今从小学开始,每个班级最少就会有一两个孩子曾经在外国生活过。学习英语也不是像父母那一代那样,背诵英语教科书,就能取得一个好的英语成绩,所以很多父母都在苦恼,英语到底应该学到什么水平,如何让孩子们学习英语,而且更让他们感到困惑的是,越来越多的人认为,英语学习应该脱离学校学习的模式,应该采用私人教育的模式。

根据几年前由教育部支持下进行的一项研究,如果使用相同的英语教育节目,4岁孩子的学习能力比7岁的孩子出色,也有专家认为孩子6~7岁的时候,是孩子大脑语言中枢的发展时期,是学习语言的最佳时机。一篇批评早期英语教育泛滥的文章指出,英语幼儿园的孩子有可能出现语言障碍或自闭症,孩子们的创造能力也有可能下降。

不管怎么样,如今学术界的正说,就是语言是越早学习,越容易,特别是随着政府陆续出台了加强国家英语教育的教育政策,父母也是想尽一切方法,让孩子早一些接触英语。大多数父母都希望自己的孩子把母语学到一定程度之后,就让他们自然接触英语,希望到上幼儿园的时候,可以达到能说几句英文的水平,但是事实往往和妈妈们的期待相左,韩国的小朋友,能够接触英语的时间极其有限,所以父母的期待很少能得到满足。

有效的英语学习的两个重点

英语教育重要的是"如何"而不是"什么时候"。虽然学习没有捷径,但是通过观察我们周围的孩子学习英语的事例,也能够看出几个重点。

第一,让孩子多听多背英语文章。我以前的公司里有一位英语非常好的同事,他构思出来的英语文章,主要是来自他在初、高中时期背过的英文歌词。虽然刚开始学的时候,对歌词的意义不甚了解,但是只要随着旋律唱起来,歌词的意义总有一天会明白的,这样你知道的英文文章就会一篇篇得到积累。我现在也能背出中学时期背诵的那些当时一知半解的英文歌词,由此看来,这个方法确实是一个相当有效的学习方法。

孩子学习英语最有效的方法,就是利用歌曲背诵英文文章,或者由父母给孩子反复地读一些英文连环画,让他们记住这些文章。如果你对英语发音没有信心,也可以利用原声磁带,重要的是妈妈的参与,妈妈的热情越高,孩子也会越来劲儿。刚开始的时候,妈妈和孩子可以先挑选一些书中孩子最喜欢的部分来背诵,可以采取一起背诵的形式,就像两人合唱一样,这样孩子逐渐地就能背诵书中大部分的内容,将来遇到使用这种表达方法的时候,也就能自然地构思出恰当的英文文章。

这个过程和孩子们学习母语的过程非常相像,孩子从出生一直到说出第一个单词为止,将近一年多的时间里听到了许多的句子,积累中自然懂得了其中单词的含义。

第二,能够进行阅读,英语实力才能得到积累。这是通过我家老二惨痛的教训所领悟到的宝贵的经验。 我们家是在孩子满 4 岁的时候回到韩国的,对于在美国出生的孩子来说,他的母语是英语,所以回到韩国后,他也用英语和哥哥交流，但是到了上幼儿园的年龄，孩子开始学习韩国语，就把以前的英语几乎全忘了。孩子现在对他曾经使用过的英语，甚至连在美国度过的那些日子，几乎没有什么印象了。

与此相反，我们家的老大在美国上到小学三年级才回到韩国，他没有忘记英语，而且说得很好，这是因为孩子当时不仅能说而且也能阅读，所以回到韩国他能通过阅读，继续接触英语。如果孩子的语言水平达到了能说能读的水平，他们就绝不会忘记小时候使用过的语言，这或许也是因为除了听觉记忆之外，又多了视觉记忆，孩子的记忆得到巩固的缘故。

据说从 2008 年开始，要扩大实施小学 1~2 年级的英语教育，而且规定在英语课堂上，只能使用英文。为此已经出现了很多针对幼儿的各种各样的英语教育广告，但是作为聪明的父母，就不应该被这样的广告所迷惑，应该认真仔细地观察你所中意的英语教育方法，观察这种教育方法，是否能让孩子轻松地背诵英文文章，孩子除了口语，是否也能提升阅读的能力。

10
善于忍耐的孩子
能够取得成功

　　圣诞节对于我们家的孩子意味着令人激动的等待。 我平时由于忙于大学院的学习，没能好好关心孩子，所以圣诞节是我对孩子做出补偿的好机会。圣诞节期间为了孩子，我非常忙碌，想努力做一回称职的妈妈。大学院会提前一周停课，我就开始进出我家周围的商店，买来圣诞树，固定在我们家的客厅正中央，开始精心装饰圣诞树。我每天都会买回来一些礼物，如：孩子们平时喜欢的书、冬天穿的袜子、戴的围脖等，然后包装成漂亮的礼物，放在圣诞树下。孩子看着这些圣诞礼物一天天多起来，心里非常焦急，恨不得马上拆开来看。

　　但是，为了培养孩子们的耐心，我规定如果他们提前拆开了圣诞礼物，第二天开始，就没有礼物了。我期待着看到电影中的一个场面，圣诞节的早晨,全家人围坐在圣诞树下,各自拆开自己的礼物。因为制定了规则,孩子们为了得到更多的礼物,就不得不多忍耐几天。

棉花糖实验,给我们的教训

有一个非常知名的实验叫做"棉花糖"实验,研究了类似的情况。斯坦福大学的沃尔特·米歇尔(Walter. Mischel)给 4 岁的孩子们一些他们都爱吃的棉花糖饼干,并且提出了这样的提案,"我要出去一会儿,如果你们等我回来,就可以吃两块饼干,如果没等我回来先吃了,你们就只能吃一块饼干"。

孩子面对他们喜欢吃的饼干,到底能忍耐多久呢? 实验结果,三分之一的孩子一分钟都忍不了,就先吃了,其余三分之二的孩子忍耐到最后没有吃饼干,但是令我们感兴趣的是 14 年之后,这两组孩子的情况,小时候抵御住棉花糖饼干诱惑的孩子,成长成了在任何压力面前也不屈服、生命力顽强的青少年;没有抵御住诱惑的孩子,长大之后变成了容易发火、经常因为琐事打架的青少年。

这两组孩子的学业成就方面,也表现出了很大的区别,在大学数学能力考试(SAT)中,抵御住诱惑的孩子成绩平均高出了 210 分,这要比智能指数的影响还要大。

如果你想要拥有一个成功的社会生活,就应该学会忍耐,好吃的棉花糖摆在你的面前也能忍住,等到该吃的时候再吃;正在玩有趣的电脑游戏,但是时间到了就应该能停下来;应该知道忘记不愉快的事情;即使有了使你欢喜的事情,你也应该能够根据场所和情况,适当地表现出来。我们把这样的能力称做"自我调节的能力",也就是不把自己的情感和冲动直白地表达出来,而是经过短暂的思考,作出适当的调整之后再表现出来的能力。

对孩子来说也是一样,学习就是再没有意思,也要学下去;上课就是再乏味,也不能胡思乱想,应该认真听老师的讲解;上课的时候就是再困,也不能睡觉。如果孩子不善于忍耐这样的冲动,缺乏自我调节的能力,学业成绩当然就会落后。如果朋友都想玩一种游戏,你就是再不愿意,有时也应该加入到朋友们的游戏中;你的心情再坏,也不能随便向朋友们发火。如果缺乏这样的自我调节的能力,朋友们当然就会不喜欢你,你的人际关系也只能是困难重重。

我们的周围,有很多孩子由于缺乏自我调节的能力,没能很好地发挥自身的潜力。小学五年级的学生多彬,就是属于这样的孩子,他懂得的东西很多,是个聪明的孩子,但是学校的成绩却是一般。每次考试之后,多彬就会找一些像"天气太热了"、"太吵了"、"和朋友打架了"、"挨骂了,心情不好"等的借口。他在朋友关系中也是一样。多彬相貌俊俏,也能说会道,所以不仅是同龄朋友,而且大人也常常对他有好感,但是实际上他在朋友中没有人气。他在自己高兴的时候,对朋友很好,表现得很开朗,但是在自己不高兴的时候,就会经常毫无理由地向朋友发脾气,很多朋友跟他开个玩笑,都碰到了一鼻子灰,久而久之朋友们都知道他的脾气不好,一个个都离开了他。

通过有效的自我调节游戏
培养孩子的忍耐力

根据一位叫做罗斯·巴斯的学者的理论,人的自我调节能力与大脑的前头叶的发达有关系,一般从 2~3 岁的时候开始发达一直到青少年时期,所以如果小时候具有很好的自我调节能力,成人之后也会善于自我调节。

培养孩子的自我调节的能力,绝对需要父母和老师的帮助。下面介绍几种通过调节游戏练习抑制行为的方法。

首先介绍一种叫做"孔子曰"的游戏。参加游戏的人,随着节奏非常快的歌曲做动作,听到说"孔子曰,拍手"就应该停止原来的动作拍手,但是没有"孔子曰"只听到"拍手"的时候,就不应该拍手而应接着做原来的动作。这个游戏中,首先要记住游戏的规则,根据提示正确区分拍手的时候,和需要抑制拍手动作的时候,然后集中注意力,如果没有听到"孔子曰 "只听到"拍手"就应该有意识地抑制按照指示做拍手动作,这就需要自我行为调解的能力。

如果孩子在游戏中,出现连续的失误就中断游戏,然后再说一说游戏的规则,因为有时孩子,没有明白游戏的规则,但是如果知道规则,还是出现连续的失误,就有必要通过这样的游戏,训练他们的自我调节的能力。

第二种游戏叫做"说悄悄话"。参加游戏的人在令人兴奋的游戏中能够做到轻声说话,首先让孩子轻声说出自己的名字,然后给孩子看一些画有孩子喜欢的卡通人物的卡片,这时孩子不能大声说出名字,必须轻声地说出卡通人物的名字。这种游戏训练孩子们在兴奋的状态中, 能够做出沉着的反应,培养孩子们自我调节情感和行为的能力。

还有一些游戏,不仅需要自我调节的能力,还需要计划的能力,叫做"邮递员"的游戏,就是这类游戏。你应该准备一张纸板,在上面画上不同颜色的房子和道路,然后让孩子充当邮递员的角色,也就是邮递员应该把包裹尽快邮递到相同颜色的房子,但是有一个规则,那就是邮递的时候,不能走已经走过的道路,所以孩子开始邮递包裹之前,必须先制定一个计划,计划如何走,才能不走回头路,而把包裹顺利地邮递到目的地。

为了让孩子学到恰当地调解情感和行为的方法,我们有必要使用各种各样的方法训练孩子。棉花糖实验中,我们可以看到能够忍耐 10 ~ 15 分钟,不做自己想做的事情,这种能力对孩子的将来有着多么大的影响。自我调节情感和冲动的能力,有时比智能还要重要,所以父母应该提供给孩子尽早培养这种能力的机会。父母不应该急于事先替孩子解决所有问题,或者习惯于接受孩子未经加工的情感,应该鼓励孩子该忍耐的就应该忍,在孩子学习这种能力的过程中,父母应该多给予一些帮助和鼓励。

11
教给孩子
成长型思维模式

　　我过去在美国芝加哥接受研修教育的时候,发生了这样的一件事情,由于很长一段时间我没有听过用英文讲的课,正在苦于做不好课堂笔记,就在这个时候有个学生要求老师能否讲解得慢一些,这正中了我的下怀。这个学生就是朱丽叶·伯利赖特教授,她是一位56岁的语言障碍治疗师,比较特别的是,她有听力方面的障碍。

　　我和她同在一个小组,共同度过了一周的时间,我对她产生了浓厚的兴趣。首先,令我神奇的是,作为一个有听力障碍的人,如何成为了语言障碍治疗师,还有一点我觉得她很特别,每次上课的时候,她能够做到堂堂正正地把自己的缺陷说出来,并以此要求老师讲话慢一些。

　　她在完成各门课题的时候,也是时间不够,忙得手忙脚乱,尤其课题是图形课题的时候，每次她都满脸忧愁地嘟哝，"这种课题，我真的不懂，确实不知道怎么做"。我对图形的理解也不是很好，缺少空间感觉，但是朱丽叶更是如此，所以每一次都请求老师或旁边的同学帮忙，下课回到宾馆，也是经常接着做未完成的课题。

相信自己的能力要比自身的能力更重要

我对朱丽叶有些不理解，如果换作是别人，在她那个岁数，早就开始准备退休，不理解她为什么对自己要求那么苛刻，那么想学习，但是后来我才知道，她是在 50 岁的时候取得了博士学位。她升学到大学院的那一年，由于女儿的疾病不得不中断学业，而且中断了长达 9 年的时间，后来女儿恢复健康之后，才开始重新学习，但是重新开始学业，并非是一件容易的事情。朱丽叶自己也说，讲出自身的缺陷，并要求老师慢下来，并非那么容易，她也为此伤心苦恼过。

但是，有一位教授，曾经望着意气消沉的朱丽叶，说出了这样的一番鼓励她的话，"朱丽叶，你总是能提出一些有价值的问题，不要灰心，继续努力，你要知道，你的聪明才智并不重要，重要的是你每天都在学习一些新东西"。

朱丽叶从这位教授鼓励的话里，得到了信心和力量，虽然自己没有聪明的头脑，但是就因为我能坚持，每天都能学到一些新东西。从此朱丽叶每天都以自己的长处"执著"，鼓励自己，付出了坚持不懈的努力。我听到这样的一个故事，不得不感叹这位老奶奶的执著和韧性，也让我重新思考了"终身教育"的真正含义。

我们终身都是在学习，不只是在学校才能学到新知识，也不是为了得到好成绩才学习。我们在考试中得到的名次，如果和我们漫长的人生课程相比，也不是什么太重要的东西，真正重要的是，这一次我学到的是什么，如何把学到的东西付诸实践。

固定型思维模式

这样的思考，让我想起著名的美国哥伦比亚大学心理学系教授卡洛尔·德维克(Carol. Dweck)对"思维模式"的研究。卡洛尔教授认为，如果人们希望发挥自身的能力，他们对自身能力的看法，也就是思维模式，看得要比他们本身的能力还要重要，相信自己的能力，有时要比本身具有的能力更加重要。

比如说，具有"固定思维模式"的人，认为一个人的能力是与生俱来的，也就是说，他们相信有些人天生就具有比别人更多的能力，更好的性格，还有更好的道德性，所以这些人的人生目标就是如何才能使他人认为他们是比别人更聪明、性格也是更好的。很小的失败，就能让他们认为自己是败者，所以出于对失败的恐惧，他们就会专门挑选一些绝对不会失败的事情来做，如果碰上了一个存在失败可能性的事情，他们就会不付出努力，因为他们认为付出了努力还是失败了的话，这只能让人们看到他们真的是很无能。

卡洛尔·德维克本人也曾经走过这样的路。他自己也是以固定思维模式生活了相当长的一段人生时间。他在小学的时候转了学，新学校的进度比原来的学校快得多，所以他几乎听不懂讲课的内容，但是他也没能诚实地告诉老师，他觉着这样做，就等于向朋友和老师承认自己的无能。

我自己也记得,以前学习新东西的时候,好多次自己不会的,也没能堂堂正正地承认,没能向老师请教,只是自己心里认为"我可能没有这方面的素质",自己放弃掉了学习新东西的机会。

就像这样,具有"固定思维模式"的人,认为向自己并不了解的事情发起挑战,是威胁自身自尊心的大事情,所以学习新东西,当然不会成为快乐的事情,他们也只能回避挑战。这样他们最终,就会把学习的机会拒之门外。

成长型思维模式

与此相反,具有"成长型思维模式"的人,却认为人的能力或性格是可以通过努力改变和发展的。他们相信尽管与生俱来的能力或许有所区别,但是可以通过后天的经验和学习得到改善和成长。尽管现在是有不足之处,可是通过努力和训练,是可以逐渐增长和发挥自身潜在的能力的。

具有成长型思维模式的人,对学习充满热情,这一点是与固定型思维模式的人相反。他们从来不会苦恼"我是否聪明",相反他们会思考,"我为什么要试图隐藏自己的缺点呢?把自己的缺点摆出来,克服自己的缺点不就可以了吗?""我为什么不挑战能使我成长的新的体验,而还在寻找一些过去体验过的安全的东西呢?""我为什么不找一些能够帮助我的、对我的缺点直言不讳的朋友,而试图找一些只说好话的朋友呢?"

具有这种成长型思维模式的人,就是处在困难重重的环境中,也总能学到新东西,能够成长起来。比如:如今在世界舞台上非常活跃的歌手 Rain 就是这样的人,如果他每次面试不成功的时候,就认为自己没有天分,自己无能,叹气过日子的话,就不会有今天的 Rain。

卡洛尔·德维克举例的具有固定型思维模式的代表人物是在网球界知名的恶童约翰·马克安诺。 他在网球方面具有惊人的天分，但是就像他自己说的那样，他的这种天分，没能得到充分的发挥。 他每一次输掉比赛，从来没有承认过自己的失败，总是为自己找了一些借口，比如输掉比赛是因为感冒发烧、背疼、比赛前吃得太多、天气太冷等等。马克安诺没有努力培养集中注意力的能力和掌控自身情绪的能力，所以在比赛中没能最大限度地发挥自身的能力。

我们的一生都是在学习，重要的是以什么样的态度对待学习。根据我们具有什么样的思维模式，每一个瞬间都有可能成为评判成功和失败的考场，也能成为学习的瞬间。这一切取决于我们自己的选择。

12

通过学习
孩子的大脑会得到快速发展

期末考试结束的那一天，

勋儿从玄关一路跑向妈妈,自豪地递过试卷,

只错了五道题,觉得飘飘然 ……

不知应该责备孩子还是表扬孩子,

妈妈接过试卷,心情变得复杂。

你如果是勋儿的妈妈,说些什么呢?

　　这是不久前,某一个家电公司在报纸上刊登的一则广告。有些孩子就像勋儿那样,不求最高分,满足于现状的学习,取得适当的成绩。这样的孩子不太关心自己的考试成绩,他们更关心的是,要证明自己不是那么愚蠢,所以他们没有付出多少努力却得到了一个不错的成绩时,反而会很满足。

上小学三年级的道玄就是这样的孩子。道玄的妈妈真是非常担心，她都把孩子送到三个补习学院学习了，但是孩子的学习成绩就是上不去。学院的老师分析道玄的问题，是出在比较慢腾腾的性格，什么事情都觉得无所谓，但是事实是，道玄对自己的强项非常自豪，认为这是自己聪明的证据。

"妈妈，秀芝只能背三段乘法口诀，而且背得特别慢。她好像特别笨，我可是没怎么练习就记住了。"

道玄的妈妈告诉正在炫耀自己的孩子，那是秀芝还没有学习乘法口决的缘故，但是孩子还是说个不停，这是因为道玄更关心在自己身上，找出自己没有付出努力，也比别人强的强项。道玄的妈妈担心和焦急，想把如今非常流行的学习策略，教给孩子，但是孩子对此一点兴趣都没有。事实上，学院和学习策略，对于勋儿和道玄这样的孩子，是没有多大效果的，因为他们缺少坚定的决心和动机去好好学习。

大脑科学
可以帮助缺乏学习动机的孩子

那么，这样的孩子到底是为什么缺乏好好学习的动机呢? 那是因为他们不相信努力和练习的力量，所以学习顺其自然，得到相对好的结果，这也就成了这些孩子的目标。

为了帮助这样的孩子，哥伦比亚大学的理事布莱克威尔开发了一种特别的教育课程，她以中学生为对象，分八次实施了这个教育课程。她首先测评了孩子的成绩，尤其是数学成绩，然后她把成绩差不多的孩子分成了 A、B 两组。布莱克威尔只给 A 组的孩子讲解了一些大脑科学方面的知识，解释了根据我们的练习和学习大脑会有什么样的变化。A 组的孩子学到的有关大脑科学的内容如下；

很多人现在还相信人的智能是与生俱来的，但是根据新的研究，我们的大脑如同肌肉，使用得越多越强壮。科学家研究了通过学习，我们的大脑是如何成长，如何变得强壮。根据研究结果，学习能使大脑中细胞之间的联结，成倍地增长，大脑细胞也得到了成长，所以如果反复进行学习和练习，起初很难的东西，就会逐渐变得越来越容易，所以连我们很陌生的外国语也都能学习，也就是说，由于学习，我们的大脑变得更聪明，变得更强大。

A 组的孩子，使用了说明大脑变化的照片和幻灯片等辅助手段学习了以上的内容，而且也对所学的内容进行了讨论，然后他们又学习了学习的技巧和适用这些技巧的方法。对于 B 组的孩子，她只教了他们学习的技巧和使用技巧的方法，没有教他们有关大脑的知识。这种教育结束之后，布莱克威尔又测评了他们的成绩，结果 A 组的成绩明显高出了 B 组的孩子。

而且，孩子在接受教育的过程中也出现了变化，A 组的那些平时经常不交作业的孩子、耍小聪明、得过且过的孩子开始有了变化。那些不关心学习、成绩在全班平均分以下的孩子，开始向老师提问题，开始要求老师的帮助了，甚至自发组织了学习小组。还有些孩子表现出更高的学习热情，他们提前完成作业交给老师，听取老师的意见之后，重新做作业再交给老师。孩子通过这样的过程，相信了只要自己努力，进行练习就能使自己的成绩得到提高。

告诉孩子有关大脑的知识吧

让我们回到前面勋儿和妈妈的故事。想一想如果你是勋儿的妈妈，你会对孩子说些什么？你会告诉孩子更加努力学习，下一次得个满分回来，还是当场责备孩子，都错了五道题有什么可炫耀的？

如果通过妈妈对大脑科学的讲解，使孩子明白，学习会让我们的大脑变得更强壮，而且使用得越多越聪明，孩子们会怎么样呢？

"妈妈，我只错了五道题，我也没怎么学习呀，看来，我真是很聪明，对吧？"

"是呀，但是错在哪里呀？现在知道错在哪里了吗？你要知道，重要的不是你对了几个，而是我家的勋儿又学到了什么新的知识；还有你要知道人的大脑不是生来就是聪明的，而是越用越聪明，就像勋儿的肌肉一样，如果锻炼了，就会生长出结实的肌肉，但是不运动了，肌肉就会消失一样。

"让我们想象一下林中有一条小路，如果人们上下山都走这条小路，路当然就会变宽，对吧？还有很多这样的小路连接在一起的话，人们就可以走得更远，对不对？我们家勋儿的大脑中也有这样的小路，我们的大脑里有数千亿个细胞，如果我们学习新东西，进行思考的话，这些细胞就会互相联结，我们就可以更快速地做更多的事情。

"我们家勋儿刚才不是高兴自己没怎么努力，也只错了五道题吗？但是你要知道，没有努力就意味着你没有使用你的大脑，如果勋儿长期不使用大脑，会发生什么样的事情呢？其他小朋友的大脑中出现条条大路，联结成高速公路的时候，我们家勋儿的大脑中仍然只有原来的那一条小路，这样的话，勋儿的大脑中怎么能形成将来解决复杂难题所需要的大路呢？好了，现在，我们两个一起看一看勋儿到底错在哪里了呢？"

第四章

批评型母亲

——"你到底会些什么呢？"

checklist

　　细读下列各项,觉得符合自己情况的就用√作出标记,最后相加得出最终分数(每项 1 分)。

1. 你认为孩子平时的行为和态度有很多需要改正的地方。　　□

2. 你不太倾听孩子的要求,对此大都采取无视的态度。　　□

3. 因为孩子伤心生气的事情很多。　　□

4. 孩子让你伤心的时候,你就发火大声斥责孩子。　　□

5. 你经常觉得对孩子了解得不多。　　□

6. 你认为养育孩子并不快乐,倒觉得是一种负担。　　□

7. 你认为养育孩子理所当然会发生很多烦心的事情。　　□

8. 你曾经想过假如有人替你养育孩子该有多好。　　□

9. 你曾经觉得职业或家事很乏味。　　□

10. 别人评价我是个难以相处的人。　　□

11. 孩子犯错的时候,你故意冷待孩子。　　□

12. 孩子做错事情的时候,你必会发脾气,责备孩子。　　□

总分：＿＿＿＿

结果分析

0~3分　你很有可能不属于批评型母亲。

4~7分　你具有很多批评型母亲的特征，希望仔细阅读这一章找到改善的方法。

8~12分　你是典型的批评型母亲，为了改善与孩子的关系，有必要寻求不同的育儿方法。请仔细阅读这一章，希望能够避免批评型母亲常有的失误。

"银星喜欢妈妈吗？"

"我也不知道,怎么了？"

"那喜欢外婆吗？"

"嗯! 喜欢。"

"你喜欢外婆什么呀？"

"没什么,她能陪我玩嘛,我要什么她就给什么。"

银星妈妈的教育方针，就是尽量让孩子独立，所以孩子自己能做的事情就让他自己做,去外婆家的时候也让他自己去,可能就是因为这样,周围的人都夸孩子是个小大人。"我也常常想自己是否对孩子过于严格了,但是我相信我的这个小大人会充分理解妈妈的心，但是听到孩子更喜欢外婆,就觉得心里有些发慌。"她一直以为虽然自己不像其他的妈妈那样,经常对孩子说"妈妈真是太爱银星了"! 但是她相信,孩子理应明白妈妈的心。

"慧熙帮妈妈洗碗了,谢谢你呀! 但是下回应该洗得更干净,水槽边的水也要擦干净,碗也要放得整齐一些,知道了吗？"

慧熙的妈妈对孩子的表扬,今天又是以唠叨结束。孩子满怀期待得到妈妈的表扬,但是妈妈的唠叨却给他泼了一盆冷水。慧熙和妈妈来到了我们的研究院,孩子看起来有些消沉,接受检查的时候,他也用"是"和"不是",简单回答了我们的问题,有些需要他思考的问题,他也经常不经思考就回答"不知道"。妈妈还说孩子在幼儿园,参加才艺表演,经常唱歌,讲故事还得过奖,但是孩子看起来消沉,缺乏自信。

　　银星和慧熙的妈妈就是属于典型的批评型母亲。这一类型的母亲一般对孩子的期望值很高,往往忽略孩子的情感,而且她们在很多时候,对孩子的发展理解不足,不能接受孩子们的失误和不成熟,所以很自然对孩子的要求很高,试图指点孩子的每一个行动。

　　与此相对的是,他们对孩子们的长处视而不见,觉得理所当然,所以各啬于对孩子进行表扬,就是打定主意要夸一夸孩子,结果往往是以指出他们的缺点结束对话。她们看不得孩子们的缺点,看见了就会发脾气,经常向周围的人诉苦,养儿育女真难。

　　批判型母亲容易使孩子们消沉,失去自信,所以如果你身上有一些批评型母亲特征,就应该首先敞开自己的心扉,增加和孩子在一起的时间,来了解孩子的心理。最重要的是,你要时刻记住孩子正处于成长的阶段,应该承认,并接受孩子的不成熟的态度,也就是说,批评型母亲不要总是批评孩子,还要学会帮助和表扬孩子。

批评型母亲,应该更多地表达出对孩子们的爱。孩子们是通过妈妈所表达出来的爱,来确认父母的爱,而且从父母那里,学到表达自身情感的方法,所以批评型母亲,不应该一味地对孩子进行评价和判断,应该成为给他们提供帮助的支持者。她们应该更重视过程,而非结果,提供孩子所需的适当的帮助。孩子们受到挫折的时候,不要以结果责备孩子,而应该帮助他们,找出失败的原因,避免再犯相同的错误。

01

小的失败
是预防巨大失败的免疫针

　　我家的老大上小学的时候,特别不喜欢上美术课,因为爸爸、妈妈没有这方面的素质,而且小时候也没送他到美术学院学习过,所以孩子的手法很生。课堂内不能按时完成任务,只能留作作业,回家来完成。我看着孩子笨手笨脚,我就忍不住唠叨,"粘得干净一些""不要剪得歪歪斜斜的,好好剪",但是孩子反而发脾气了,"我们班的京斋,有妈妈替他完成美术作业,玄俊也有美术学院替他完成,但是妈妈怎么就知道唠叨呢?"

　　根据孩子所说,京斋的妈妈美术水平不同一般,妈妈们都羡慕得不得了,但是京斋的妈妈却抱怨说:"刚开始是害怕孩子对美术失去兴趣,所以帮他做了,但是时间长了,孩子干脆就认为,美术作业是妈妈的事情了。"

　　如果站在妈妈的立场上看,看着孩子笨手笨脚,就恨不得替他们完成作业,觉得这样更简单,事实上,很多的妈妈也就这么做了,孩子们长大之后,妈妈仍然是他们坚实的后盾,但是妈妈为孩子挡风挡雨,究竟能挡到什么时候呢?

妈妈并不是万能的
替孩子解决问题的专家

我想起了曾经在一所名牌医科大学讲课的时候,发生过的令人哭笑不得的事件。有一天,我的一个学生的妈妈,不知道从哪里知道了我家的地址,竟然找到家里来了。她恳求我给她的孩子提高学分,她说她的孩子已经受到了学校几次警告处分,如果这学期学习成绩再不好的话,就不能再上学了。我觉得有些荒唐,竟然不是学生本人,而是孩子的妈妈来替孩子求我,但是我也不能改变已经打出来的学分,也只能向她解释学校的原则。这位母亲的接下来的反应,就让我感到很意外了,她说:“看来老师还是不太了解这个世界呀,你知道吗? 你正在毁掉一个孩子的将来啊! ”

她的语气好像不是在埋怨自己的孩子不学习,而是在埋怨我。虽然我能理解这位将近五十的母亲,实在是迫不得已,才找我这个年轻讲师为自己的孩子求情,但是有一点是明确的,父母为孩子这样出头肯定不是最好的方法。

父母希望孩子的挑战都能取得成功,从而树立自信心,所以面对孩子的小小的失败,就会担心自己的孩子灰心丧气,失去自信。马丁·塞利格曼(Martin E.P. Seligman)是抑郁症方面的知名心理学家,他说,“如果你希望孩子能够取得成功,就先让他经历失败。”

父母不可能永远把孩子当做温室里的花草一样来养育，他们早晚会离开父母的怀抱，走出温室，走进外面的世界，依靠自己的力量生活，一生都不经历失败是不可能的事情。父母可以代替孩子们完成美术作业，但是不可能代替孩子们参加高考，也不能替孩子们上班。父母可以求老师给自己的孩子一个好的成绩，但是不可能代替身为医生的孩子，请求患者原谅孩子的失误。

失败中存在成功的秘诀

实际上，孩子碰到的大部分事情，只要孩子付出坚忍不拔的努力，就能取得成功，如同婴儿学走路，不经历无数次的摔倒，是不可能迈出第一步的；孩子只有经历失败，摔倒了就咬牙再爬起来，通过这样的练习，才能依靠自己的力量走路。虽然父母担心孩子因为失败会失去自信，但是失败给孩子带来的挫折和不安、抑郁、愤怒等情感，实际上反而会刺激他们发起新的挑战。失败是成功之母，所以如果孩子失败了，不应该试图忘记或美化失败，而应该接受失败所带来的痛苦，帮助孩子以此为契机，发起新的挑战。

例如：孩子输掉足球比赛闷闷不乐，妈妈最好不要一味地安慰孩子，"妈妈看来，你踢得最好。输了也没关系，下次好好踢就行"。最好是帮助孩子分析失败的原因，"妈妈觉得你应该多练习传球"，而且应该帮助孩子准备下一次的挑战，"每天和妈妈一起练习传球吧"。

那么，孩子只要成功，就能时刻充满自信吗？答案是否定的。为了孩子能够取得自信心，需要的是恰当的成功经验，所以父母应该准确了解孩子的心理，让他们尝到恰当的挑战和失败的滋味。比如：如果课题过于容易，孩子很容易就会厌倦，就是成功了也不会产生自信；让孩子专门挑战太难的课题，也不会对他们有什么帮助，所以最好是引导孩子们，根据自己的水平，向稍微有难度的课题发起挑战。孩子只有挑战容易失败、容易受到挫折的课题，并最终取得成功，才会给他们带来自信心。

父母"欣赏"孩子的失败和挫折，并不是一件容易做到的事情，但是情况越是这样，父母越是应该忍耐，安静地站在孩子们的身后注视他们。孩子小时候所经历的小小的失败，会成为把他们引向成功的垫脚石，因为小小的失败如同昂贵的预防巨大失败的免疫针。

如果父母害怕孩子丧失自信心，阻挡他们经历失败和挫折，孩子就会得不到成功的喜悦和自信心，所以父母应该在旁注视和帮助孩子，磨炼他们的意志，让他们能够做到，在失败面前永不低头、永不放弃。

02

摒弃愚蠢的竞争
教给孩子合作的智慧

"什么？只得了85分？昨天我不是让你不要看电视，再复习一遍考试范围吗？不听妈妈的话，你看看这个成绩，真是不像话！这回又是希远考了第一吧？"

敏智的妈妈，望着考了85分还若无其事的孩子，心里着急就忍不住抱怨了一句，敏智的好朋友希远总是得第一，敏智这孩子好像一点都不羡慕，妈妈现在开始就担心得不得了，担心孩子这样学习能否考上首尔的大学。

谁得第一了？

我们研究院制作一些便于老师使用的针对幼儿的检查项目，但是最令我们伤脑筋的问题之一，就是陈述检查结果。因为对象是幼儿，所以一般记述"孩子做得很好"或者"孩子有这样那样的需要改进的地方"，但是教师要求我们作出更准确地表述,换句话来说,孩子的父母不满足于"做得很好"这样的表述,父母希望的是,告诉他们"自己的孩子,在多少人中,排在第几位"。

正因为如此,能够提供学生全国排名的学院,如今很受家长的欢迎。我们学院的研究员也是收集数百、数千人的资料,在此基础上得出结论,所以提供名次也不是一件困难的事情,但是如果从小这样强调名次,孩子就会认为,名次比学习重要,也就是说,孩子的学习目标就会从学习变成得到"第一",或者取得"胜利"了。

哥伦比亚大学的卡洛尔·德维克说,孩子学习的时候,是根据他们学习目标的不同,学习方法和行为也是不同的。孩子们的学习目标有"学习目标"和"行动目标"。对于拥有学习目标的孩子来说,学习本身就是他们的目标,因此他们更重视弄明白自己不知道的事情,所以学习过程是快乐的。他们认为,偶尔考试没考好,也能从错误中学到新的东西,所以他们会继续学习下去。与此相反,对于拥有行动目标的孩子来说,他们主要关心考试成绩和名次,所以为了得到好成绩,他们会付出一切努力,成绩稍差一些,也会缠着老师让他们重考。这样的孩子,如果考出好成绩,就会尽情展示自己的能力,但是如果成绩不好,他们就会因为没有达到自己的预期行动目标,而直接放弃努力。

如果父母从小就影响孩子,使他们对竞争和成绩很敏感,他们的学习目标很有可能就会成为行动目标,这样他们就会变得不关心学习本身,只是注重学习一些提高考试成绩所必需的东西。他们准备考试也会耍小聪明,专门挑选出题可能性很高的重点,有技巧地进行背诵,也有可能全然记不起课堂上到底学了什么。

愚蠢的竞争和合作的智慧

我在美国学习有关文化差异和孩子的发展课程的时候，有机会接触了比较韩国和美国孩子的研究。这个研究是让美国和韩国的小学生各自进行游戏，然后比较了他们在游戏中的行为，研究结果相当有意思。

根据研究文化差异的学者们的观点，美国的文化通常分类成个人主义，韩国等东方的文化分类成集团主义。美国人只要自己喜欢，他们就不会在乎别人的脸色。从文化方面来讲，他们也会彻底保障个人的利益和权利，但是韩国人普遍更重视集体，所以在韩国人眼里，美国人很多时候是吝啬鬼。但是，根据前面的研究结果，个人主义浓厚的美国的孩子却比韩国的孩子在游戏里表现出了更多为集团着想的行动。

这个研究的过程如下：为了进行游戏，首先在四角形的游戏板的中心竖立了一支铅笔，铅笔上系了四根线，然后四个孩子各自站在四个角，用线把铅笔拽向自己的方向，谁把铅笔拽过来了谁就得分，但是由于有四个人从不同的方向拽铅笔，所以为了得分需要的不是力量而是策略。

比赛开始之后，美国的孩子各自按自己的方向拽铅笔，但是铅笔没有倾向于哪一个方向，过了几分钟他们就明白了，这样做谁也得不到分数，于是他们就快速改变了战略，他们先排出顺序，开始友好地按顺序得到分数了。

那么，相同的情况之下，韩国的孩子会怎么样呢？比赛一开始，韩国的孩子也是各自往自己的方向拽了铅笔，铅笔同样也没有倾向于哪一方，出现了与美国孩子遇到的一样的情况，但是接下来，他们并没有像美国孩子那样，采取合作的战略,而是仍然固执地拽向自己,结果直到比赛结束,谁也没有得到分数。

美国教授原本打算以个人主义和集团主义,使用两分化的方法来区分美国和韩国、西方和东方,但是却得到了与预测截然相反的结果,令他非常惊讶。

对于这个研究结果,可以有多种不同的解释,我们可以解释韩国的孩子已经脱离了以前的集团主义,个人主义的倾向提高了;我们也可以看成美国的孩子为了个人的利益,进行了战略性合作,但是不管如何解释,有关合作和竞争的这个实验,暴露出了所有的韩国人,都不愿意承认的一个短处,留给我们一种苦涩的感觉。

这个实验就像一面镜子,映射出了在竞争中我们输不得的样子,如果自己赢不了,就宁愿选择谁也不能赢的道路,更令人心疼的是,我们在不知不觉中,正在强求我们的孩子们也拥有这样的短处。

如果我们想让孩子既重视学习又能让他们感受学习的乐趣,树立远大的学习目标,让他们愉快地学习,我们应该怎么做呢?如果想让孩子选择聪明的合作而不是愚蠢的竞争,我们又该如何做呢?

方法分外简单,我们不应该问孩子,"谁得了第一?"而应该问他们,"你今天在学校学到了什么呢?"或者"什么事情让你觉得最有意思?"我们不应该抱怨孩子,"你看看,这叫什么成绩呀?"而应该问他们,"那么,你现在学到了什么?"如果希望我们的孩子成为真正的胜利者,就有必要让孩子明白与别人合作,取得双赢的智慧。

03

一天一次
凝视着孩子,绽放出你的笑容

我们的研究院每天都来五六个孩子接受检查,一个月就能接待一百多位孩子和妈妈们,所以我们都已经变成了相面先生,一看就能读懂妈妈和孩子。有趣的是,孩子和妈妈的面相很相像,如果孩子活泼开朗,妈妈的面相肯定也是明朗、柔和,让人看着舒服。相反,如果孩子的表情黯淡,容易发火,妈妈肯定也是满脸忧愁或者是生气的面相。孩子和妈妈在一起的时间最长,所以孩子和妈妈的面相相像或许是理所当然的事情。

幸福的钥匙,杜乡的微笑

根据心理学家的研究,笑脸也分为两种,一种是以研究者的名字命名的"杜乡的微笑(Duchenne Smile)",这是发自内心的微笑,微笑时嘴角上扬,眼角出现皱纹,我们通常所说的幸福的笑容,就是指这种"杜乡的微笑"。另外一种叫做"韩国小姐的微笑",就像参加选美大赛的选手脸上的笑容,内心很紧张,但是不得不强做笑脸。

美国伯克利大学的肯特纳和哈克以某女子大学的毕业生为研究对象,研究了杜乡微笑和幸福之间的相互关系。这两个人要来这所女子大学毕业生的毕业相册,统计了到底有多少人面带杜乡微笑,他们发现总共141名毕业生中,有138名面带微笑,这些微笑的人中,只有一半的人,面带杜乡微笑。肯特纳和哈克以10年,20年,30年的间隔,找到毕业生,调查了她们对结婚和生活的满意度,令人吃惊的是,毕业相册上面带杜乡微笑的女学生,维持着比其他学生更幸福的婚姻生活和健康。"笑脸带来福气"这句话得到了验证,验证了面带杜乡微笑的人才是真正幸福的人。

也有人主张笑有治疗效果。根据日本大阪大学的依和岩濑博士研究小组的研究,笑能增加14%破坏癌细胞的NK细胞,而且根据哈佛医科大学研究小组的研究,如果笑了1~5分钟,NK细胞就能持续增长5~6个小时。

妈妈的笑脸,不仅影响本人的幸福和健康,而且也能影响孩子的智力活动和情绪。发展心理学的研究中,有一种研究妈妈和孩子相互作用的、非常有趣的研究方法叫做"无表情的脸"。这种方法分三个阶段施行,首先是"正常"阶段,在这个一分三十秒到两分钟很短的时间里,要求妈妈和孩子一起自然地玩耍,回答孩子的问题,要露出笑容,要抚摸孩子;然后进入下一个叫做"无表情的脸"的阶段,这时妈妈的脸突然要变得毫无表情,也不回答孩子的问题,尽可能对孩子不做任何反应;最后又重新回到"正常"阶段,再一次和孩子自然地玩耍。研究小组通过这样的三个阶段,观察了随着妈妈的变化,孩子的行动和反应会有什么样的改变。

孩子在第一个"正常"阶段会愉快地和妈妈一起玩玩具,但是到了妈妈的脸突然变得毫无表情的第二个阶段,孩子的举动就会发生急剧的变化,表情变得黯淡,孩子变得不安,他会叫着妈妈,粘着妈妈,不断地看着妈妈的脸色。如果妈妈的脸还是毫无表情的话,有些孩子们会哭出来,也有些孩子就会放弃妈妈,自己玩了,这时他们的游戏就会变得简单。这就意味着孩子的智力活动水平下降了。

进一步延伸这个研究结果,我们就可以说,如果妈妈的表情像阳光似的明朗,孩子的智力活动就会变得活跃,创造性也会得到培养;如果妈妈的心情抑郁,表情吓人,孩子就会看妈妈的脸色,智力活动的水平也会下降,孩子也会跟着妈妈变得抑郁。

透过眼睛看孩子的心

刚出生的孩子是和妈妈笑脸对着笑脸学到"相互原则",孩子笑了妈妈也跟着笑,孩子发出声音,妈妈也会认真听;妈妈发出声音,孩子也会聆听。就像这样,孩子是在和妈妈相视对笑的时候,认识到与妈妈的玩耍,是一种有顺序的有趣的游戏。孩子也会认识到,自己的行动可以左右妈妈的行动,自己笑了,妈妈也笑,自己把脸皱起来,妈妈就会说"乖宝宝",也给他们做一些有趣的动作,让他们发笑。孩子通过这样的相互作用,就会知道"自己细微的表情也能引起妈妈的关心"或者"我的一个表情就能移动妈妈"。

信赖的建立是需要过程的。孩子相信,只要给妈妈发出自己的信号,妈妈就会给他们想要的东西,所以饿了就会用哭声,给妈妈发出信号,觉得无聊了,也会用声音邀请妈妈加入自己的游戏。如果孩子没有这种信赖和确信,他们饿了也就不会发出信号,对周边世界就不会有任何反应。

　　我曾经针对 10 个月前后的孩子和妈妈,进行过有关"婴儿语言"的研究,当时进行这项研究的出发点,就是认为,如果我们采用一些特定的手势、身体语言和还不会说话的孩子交流,就能促进他们的语言和智力的发展。如果想使用"婴儿语言"就要看着孩子的眼睛,需要在孩子的眼前使用"语言"。参加研究的一位母亲,觉得这是一次既生疏又特殊的经验,她说:"虽然我和孩子每天都在一起,但是好像很少望着孩子的脸说过话,都是一边做着自己的事情,一边指示孩子做这做那,但是自从使用了这种交流方法,就可以通过孩子的眼睛,读到他们的心,感觉非常好。"

　　如果你总是找孩子身上的问题,认为妈妈就是对此进行批评,让其改正的人,就不可能对孩子发出出自内心的笑。即使孩子有问题,你也应该找出孩子的优点,这样才能和孩子度过愉快的时间,妈妈的脸上才能浮现出杜乡的微笑。每天一次,望着孩子的脸,露出幸福的微笑,孩子的自信心和智力水平就会有惊人的发展。

04

小小的成就，
就能培养孩子的自信心

"妈妈，我下个月要参加校内独唱大赛，我求了音乐老师，每天下课后给我单独辅导。"

小燕是小学三年级的学生，校内举办的所有比赛，她都想参加。从小什么都想学，所以哥哥做汉字和英语习题集的时候，她站在哥哥的背后，也学了汉字和英语，跟着哥哥到钢琴学院，她也跟着上了钢琴课。

上幼儿园的民奎也是一样。民奎在幼儿园学习英语，同时他也学习跆拳道、围棋，甚至还要去英才中心，回到家里还要做两个习题集，所以几乎没有空闲的时间，但是他以后还计划学习芭蕾和美术。

有些孩子什么事情都喜欢主动地去做，喜欢挑战新的东西，小燕和民奎就是属于这样的孩子。他们喜欢挑战更新、更高的事情，反而不喜欢做自己很容易就能做到的事情。所以像小燕一样,求老师和父母让她参加学校所有的比赛;像民奎,自己主动要求去学院学习。这样的孩子为了达到自己的目标,会不断地努力并且享受这个过程,而且大都会实现他们的目标。

与这样的孩子相反,有些孩子,就是父母给他们提供最好的机会,他们对此也毫不关心。父母觉得非常遗憾,如果孩子现在不学,他们将来肯定会后悔,但是孩子不愿意,父母也是毫无办法。这样的孩子大都会执著于自己轻易就能做到的事情,惧怕新的挑战,而且因为讨厌挑战所带来的紧张感,明明是能做到的事情,他们也不愿意做。

什么都想学
和什么都不想学的孩子

孩子对自身能力的确信度如何,有无自信心,是导致这种差异的重要的原因。我曾经在我家老大上的小学,负责过英语特长班的英语教学,但是开课之后,令我吃惊的并不是孩子的英语实力的差异,而是自信心的差异。对英文字母稍有涉猎的孩子,觉得学习他们不懂的新内容很有意思,但是第一次接触英语的孩子有一半认为,自己学不懂英语,所以就早早抛弃了学习英语。对于孩子来说,实际上重要的并不是拥有的知识量,重要的是觉得自己什么都能做到的信念,也就是自信心。

心理学家库珀·史密斯(Cooper.Smith)针对孩子的自信心,进行了有趣的研究。他要求孩子用装有豆子的毽子,投中前面的目标物,击中越远的目标,得到的分数越多。他在孩子投毽子之前问他们,想要击中哪一个目标,想得到多少分,还问他们估计能得多少分,结果越有自信的孩子,目标越高,而且实际的成功率也越高;相反,越是缺乏自信的孩子,定的目标越底,而且大都没能达到目标。这个游戏说明,孩子的自信心,影响了投中目标物的实际行动。

那么,自信心是如何生成的呢?我的大孩子学走路的时候,发生过这样的一件事情。孩子都快满周岁了,还不能走路,所以我们全家晚饭后就围坐在一起,期待着孩子能够迈出第一步,孩子的一个个动作,总能激起全家人的欢呼和惋惜。我们觉得,孩子只要迈出了第一步,就能走路了,但是孩子每次站起来总是先犹犹豫豫,最后好像还是没有信心,就悄悄地坐了下去。有一天,爸爸看着孩子要坐下去,就急忙把手里握着的报纸伸向孩子,已经坐下一半的孩子握住报纸一端之后,就神奇地又慢慢站了起来,而且把着摇晃的报纸站了好一会儿。孩子的脸上满是自豪的笑容,好像是在呐喊:"妈妈,我现在能站着了!"从此以后,我们就全身心投入到训练中,孩子一天摔倒好几十次,摔倒了又站起来,就像将要参加奥运会的运动员那样,全身心投入到训练中。

从小小的成就开始的自信心

千里之行始于足下,但是迈出第一步,并非是一件容易的事情。为了迈出这第一步,需要数十遍站起来,又坐下来的过程,也需要起到决定作用的那份报纸的帮助。父母就应该成为给孩子递出报纸的人,孩子只有抓住父母伸向他的那份报纸,站起来了,才觉得自己也能做到,才会生出自信;而且一旦有了自信,他们摔倒了,也能再站起来。

但是,父母的帮助不能只是简单为孩子制定目标,并强求孩子做到,如果孩子不愿意,他们尝试一下很快就会放弃,而且孩子不仅不能生出自信,反而会越来越失去信心,所以父母应该让孩子自己制定目标,并且在旁帮助他们实现一个个目标。

父母给孩子提供一些做家务或者参与简单的实际生活的机会,也是一个不错的方法。孩子的自信心,并不是只有学习或者艺体活动取得好成绩才能获得的,孩子参与到大人的事情中,并自认为已经很好地完成了自己的那一份工作时,会产生更大的自信。尤其是婴幼儿时期,或者青少年时期,孩子的自立愿望特别强烈,这个时期为他们提供能够做到的一些做事的机会,或者选择的机会,就会有利于孩子加强自信心。如果课题很复杂,远远超出了孩子们的实际能力,或者做一些新的尝试,最好是把这样的课题按照孩子的能力细分化,或者给孩子提供参与最后收尾工作的机会。就像这样,只有父母站在孩子的旁边,帮助他们完成一件件他们自己选择的事情,孩子才会得到自信,而且以此为基础向新的目标挑战。如果父母的帮助或干涉超出了一个恰当的度,孩子就是取得了成功,也不会得到自信。父母也需要一种"勇气",那就是孩子们犹犹豫豫的时候,父母明明知道他们会摔倒,也要有让他们自己尝试的"勇气"。

05
对于孩子来说，
父母的一句话就是补药

　　智宇的班级正在热火朝天地练习跳绳，因为下周的体育课，他们要补考跳绳。这种跳绳考试，要求孩子跳 20 下连续跳，除了善于体育的尹宇等几位同学之外，都没有通过考试，所以他们需要补考。全班同学不仅是午休时间，而且只要有空余时间就练习跳绳。

　　智宇的连续跳，迄今为止的最高记录是两次，智宇不仅是跳绳，而且其他体育项目的考试一直得到的是最低分，所以他已经老早就放弃了考试。智宇看着上次已经通过考试，现在正在帮助其他同学的尹宇，真是羡慕不已。

　　智宇的同班同学俊锡，也像智宇一样跳不好跳绳，但是他并没有放弃，每天晚上到小区的广场练习跳绳。他听说，伊宇每天也练习 30 分钟，而且离考试还剩六天，所以决心要增加练习的时间。

考试成绩不好的时候,跑步比赛中输给朋友的时候,交朋友有问题的时候,孩子自己也会分析原因。有些孩子埋怨外部环境,觉得"课题太难了",或者"天气太热",还有些孩子也像俊锡那样,觉得自己的努力不够。虽然跳绳考试中得到了相同的结果,但是有些孩子就会像俊锡一样,付出更多的努力;也有些孩子就会像智宇那样,觉得"自己什么事情都做不了",没有付出进一步的努力。

像智宇这样的孩子,遇到小小的困难就轻言放弃,只要付出努力,就能做到的事情,也不做尝试就放弃,分析其原因也存在相同的特征。

自身拥有能力,也不努力的原因

心理学家韦纳(**Weiner**)根据对失败原因的不同观点,把人分成了四个类型。

第一,"我做不到"类型。这一类型的孩子,只要自己失败,就会认为是自身能力不足的缘故。他们认为人的能力是与生俱来的,不是刻苦努力就能得到的。比如说,他们认为学习好的朋友是非常聪明的,所以就是平时一直不学习,只要临近考试稍微学一下,总能得到优于别人的成绩;相反,自己是因为头脑不聪明,就是再努力学习,也是得不到好成绩。这样的孩子,对于每件事情都没有信心,所以明明是能做到的事情,他们也不会去尝试一下,认为明摆着得不到好成绩的事情,还不如不付出努力,这样就会少丢人一些。

第二,"我要更努力"类型。这一类型的孩子认为失败的原因,是自己不够努力。他们认为,人的能力是根据努力程度的不同改变的,所以他们会把失败当做是不够努力的信号,会付出更多的努力。

第三，"考试太难了"类型，这一类型的孩子认为自己失败，是考试太难了的缘故。孩子认为，这是与能力和努力无关的，是自己无法控制的外部原因造成的，所以这样的孩子们认为，为了下一次取得成功，自己能做的事情不多。

最后，"运气不好"类型。这一类型的孩子认为，所有的事情都是靠运气的。这一类型的孩子，也是试图从外部寻找自己失败的原因，觉得为了下一次，自己能做的事情不多。

如果像这样把失败的原因归结为运气，或者外部条件，或者认为自己的能力不够，孩子很容易就会放弃；相反，如果认为是自己的努力不够造成的，就会付出更多的努力，成功的可能性也会得到提高。

需要的不是两千遍的失败
而是两千遍的过程

看到孩子拥有能力却不努力，或者看到孩子失败后灰心丧气的样子，作为妈妈真的是既惋惜又焦急。如果妈妈忍不住埋怨孩子说："所以说，我不是让你多练一练吗？如果不练习也能做好的话，哪一个孩子做不到呀！"就会起到火上浇油的效果。

孩子经受了挫折，觉得"自己做不到"而灰心丧气的时候，妈妈就需要站出来想办法，改变孩子的想法，也就是妈妈站出来，把失败的原因归结为努力的缺乏，让孩子们想一想哪些方面，本该付出更多的努力，考虑一下如何才能取得成功。这样找出失败的原因，有针对性地一一进行补救的话，孩子下一次就会离成功更近一步。这个时候父母不应该批评孩子，或者大发脾气，而是应该尽量安慰孩子，教育他认识到努力的重要性。

世界上最大流通企业沃尔玛的创始人，萨姆·沃尔顿，每当失败时就会说，"我们已经知道了这种想法是不对的，好了，该是实验下一个想法的时候了"，他以此来鼓励自己和员工们。他的这种永不言放弃的执著努力，成为了成功的基础。面对失败的孩子，妈妈也应这样，让孩子确信，只要刻苦努力，就一定能取得成功。

站在妈妈的立场上，或许最辛苦的是，看到孩子付出了很大的努力，却没能得到预期的结果。这个时候，不仅妈妈觉得惋惜和焦急，而且对于好不容易下定决心付出辛苦努力的孩子来说，也是很伤自尊心的事情。但是，努力是达到目标之前不断进行的尝试，并没有成功的时间表。取得成功的伟人中，也不乏经历数百数千次失败的人士。

发明大王爱迪生，也是经历了两千次的失败之后，才发明了灯泡。有一天，一位记者问他：

"你都失败了两千次，你是如何克服困难的呢？"

爱迪生回答道：

"怎么能是两千次的失败呢？我只是经历了两千次的过程而已。"

人们并不知道他们将要放弃的瞬间离成功有多近，如果爱迪生在经历1 999次失败之后就放弃了的话，灯泡有可能就是由别人发明出来的了。

06

如果想养育出积极向上的孩子，
父母首先应该成为榜样

斋熙和斋喜两兄弟心情不好，因为他们受到了爸爸狠狠的责骂，但是他们的反应却截然不同。斋熙心里想，"爸爸看到我们就发脾气，还不如每天晚些回家更好"，但是斋喜却想，"爸爸在外面可能有了什么不愉快的事情，怎么样才能让爸爸高兴起来呢？"

斋熙的爸爸平时对孩子比较严格，所以斋熙看到爸爸回家了，就会悄悄地溜进自己的房间躲避爸爸，上周爸爸特意邀请儿子一起去洗澡，还遭到了直截了当的拒绝；相反，如果斋喜发现爸爸因为工作心情不太好，就会想一些能让爸爸高兴起来的主意，他会给爸爸揉揉肩，也会在学校自己制作的卡片上写上："爸爸，我爱你"，送给爸爸。

孩子既有像斋喜那样积极向上、乐观的孩子，也有像斋熙一样对所有的事情，持有消极观点的抑郁的孩子，但是孩子这种与生俱来的性格，不仅会左右他们一时的心情，而且也有可能对孩子的行动以及一生造成很大的影响。

积极向上的孩子和消极的孩子

加利福尼亚大学的索尼亚·柳博米尔斯基(Sonja Lyubomirsky)以学生为实验对象，进行了一项很有意思的实验。他首先根据学生的性格得到了相关幸福指数，然后进行了一次单词填字比赛，再把学生分成班级，并只告诉其中一个班级，说别的班级都取得了比他们好的成绩，最后所有学生参加了一次类似于大学入学考试的考试。

考试结果显示，幸福指数得到低分的学生，考试成绩也低，尤其是那些由于幸福指数非常低，被认为是个性悲观的学生，听到自己做得不好，阅读的速度就慢了下来，结果也变得更坏。也就是说，幸福的学生得到了好的结果，虽然中间听到了对自己不利的消息，也没有受到多少影响。积极向上的精神状态，幸福的人能够无视对自身不利的消息，努力到底，所以在不利的情况之下也能取得成功。与此相反，消极悲观的人，如果周围的人都说他们做得好，他们也能用心做得很好，但是一旦听到对自己不利的消息，他们就会双腿发软，继续努力的意志也会逐渐消失，最终就会放弃努力。

在柳博米尔斯基的研究中，只是指出了什么样的人才是积极向上的幸福的人，什么样的人才是消极悲观的人，以及对大学入学考试产生的影响，但是实际上，它也能对人的一生产生巨大的影响，可以使一个人的一生发生逆转。比如：事业遭到失败，有些人轻易就会放弃自己的人生，而有些人反而会把失败当做机会，像不倒翁一样重新站起来。

那么,积极向上、幸福的人和其他人到底有些什么区别呢? 根据迄今为止的研究结果,人的幸福指数中,遗传因素占 50%,10% 受到人生经历的影响,其余的 40% 是受到后天因素的影响,也就是说,通过训练是可以得到乐观、积极向上的生活态度的。

积极向上的父母造就乐观的孩子

请对如下的状况检查一下你的观点。

情况一,丈夫对我说了一些难听的话。

A. 丈夫不会关怀对方,经常是想说什么就说什么。

B. 丈夫是因为有了不顺心的事才拿我出气。

情况二, 在公公家的聚会里,人人都夸我教育孩子教育得很好。

A. 他们那一天的心情好。

B. 教育孩子方面,我是有天赋。

如果你的选择都是 A, 那么就需要检查一下自己, 是否拥有消极悲观的思考方式。情况一是用来观察你对坏事情作出的反应,选择的都是 A 的人,认为坏事并非是一时的,而是持续的,所以他们不会努力改善关系,只会认为自己是不幸的,只会埋怨丈夫;选择的都是 B 的人,认为坏事是暂时的,所以他们不会轻易放弃或陷入绝望。

情况二是用来观察你对好事作出的反应。这和第一种情况不同,如果你认为好事是可以持续的，你就是一个积极向上的人。虽然我们的文化底蕴中，谦虚是一种美德，或许觉得持有 B 的观点有些傲慢，但是只要不是太过于自以为是，引起他人的反感，积极肯定的观点对孩子有好处，比如说：处于第二种情况，积极向上的幸福的人，就会认为"看来，教育孩子我还是有一手，我为孩子还能做些什么呢？"因为她们认为发生好事的原因是可以持续的，所以为了更大的成功会使她们付出更大的努力。但是，如果认为受到表扬是因为她们当时的心情好，认为表扬源于一时的原因，那么这样的人就应该另当别论了。如果人们问，"如何把孩子教育得这么好呀？"消极的缺乏自信的人就会说，"我也没做什么，稀里糊涂孩子就长成这样了"，面对以自己的辛勤的劳动换来的成果，她们也是说得没有自信心。

平时如果多想一些积极幸福的事情，人的智力活动也会变得活跃，心情愉悦，这对健康也很有好处，即使经历失败也仍然能够笑对人生，继续努力。2002 年的世界杯，让我们明白了"梦想终能成真""只要努力就会成功"的道理，清楚地看到了积极的信念带来的结果，积极的思考所带来的朝气蓬勃的样子，而不是竞争压力下的消沉委靡的样子。

为了能让孩子积极乐观地思考问题，父母应该先于孩子做到这一点，成为他们的榜样，而且更重要的是要训练孩子把坏事当成暂时的现象。当孩子经历了小小的失败，父母不应该认为"我的孩子好像没有这方面的能力"，或者"我的孩子好像是做不到"，应该认为"今天孩子的心情好像不好"，失败只是暂时的现象。如果孩子经历了小小的成功，父母不应该认为这是"孩子的运气好"，应该认为这是"我的孩子沉着冷静，所以能够做得很好，以后也会做得很好"。我们不要忘记，积极肯定地想问题，幸福的事情就会尾随而来。

07
不要试图改正短处，
要善于培养长处

　　美国著名的物理学家默里·盖尔曼(Murray . Geli—Mann)曾经访问过韩国，他在 1969 年获得过物理学诺贝尔奖。 我们从采访记录中可以看到，他从小就开始展现出了典型的天赋，他在 14 岁就已经学完了高中课程，15 岁就读于耶鲁大学，21 岁获得了博士学位，25 岁时已经成为了加利福尼亚理工大学的教授。据说默里·盖尔曼从小就对天上飞的鸟、铜钱、进化论、历史等各个领域表现出了浓厚的兴趣，而且他的语言感觉非常出色，曾经也梦想过成为一个语言学家。他现在能熟练地使用法语、西班牙语、意大利语、中文等九国语言。但是，令人难以相信的是，据说他有"写作障碍"，作为一名学者这是最为致命的一个缺点。就因为这个缺点，他在耶鲁大学没能写出毕业论文，大学院的升学也曾遇到过困难，获得诺贝尔奖后，也没能给诺贝尔奖纪念册提供自己的讲演稿。

他拥有如此非凡的语言能力,却为什么会出现写作障碍呢?盖尔曼回忆道,"这可能是因为我的爸爸,小时候他对我写的东西非常不满意,经常受到责骂"。虽然他的爸爸是把幼小的盖尔曼引向物理学道路的引路人,但是幼小的盖尔曼每次写东西的时候,他的爸爸就会抹杀他的自信心,导致了他的写作障碍。

没有责骂也能改变孩子的方法

我们常常能看到妈妈跟在孩子们的屁股后面,命令他们"做这个,做那个",或者责骂他们。爱唠叨的妈妈眼里孩子有太多的不足之处,她们觉得离开了妈妈,孩子自己是什么事情也做不好。妈妈觉得"如果你们自己能做好,我为什么还要唠叨呢?"所以她们的唠叨就停不下来。但是如果这样的责骂、唠叨声不断,就会像盖尔曼博士的情况那样,会给孩子造成致命的伤害。

那么,有没有既不责骂孩子又能改变孩子的方法呢?我们从"积极心理学"的代表人物马汀·塞利格曼(Selegman.Martin E.P.)的日常生活片断中找一找答案吧。

塞力格曼和5岁的女儿妮基正在修剪草坪,他一边干活一边还想着工作上的事情,心情烦躁,就在这个时候,他突然看到妮基正在把剪下来的草洒向天空又唱又跳,玩得正欢,赛力格曼顿时火冒三丈冲着女儿大喊:

"妮基,你在干什么呢?好不容易剪好的草,你这样不是又弄得乱七八糟了吗?爸爸怎么说的?是不是跟你说过不要妨碍爸爸干活,乖一些?我稍微不注意你就给我惹事儿!"

如果换做是别的孩子早就哭出来了,但是妮基不但没哭,而且还走到爸爸的身边,很唐突地这样说道:

"爸爸,我们谈一谈吧,你还记不记得我小时候的样子? 3 岁一直到 5 岁生日那一天为止,我是一个爱耍脾气、爱哭的孩子,但是 5 岁的时候,我下定决心不再耍脾气了。爸爸,你知道吗?下定这个决心,是迄今为止最难的一件事情。所以,我都可以做到不再耍脾气了,爸爸也应该能够做到不再唠叨。"

真可以说是有其父必有其女,通过这一天的事情,塞力格曼学到了教育孩子,并不是意味着为了改掉孩子的弱点而责骂他们、对他们唠叨或者奢望把孩子们培养成万能的人才。只有 5 岁的女儿,也能下定决心改变自己,改掉了爱耍脾气的毛病, 而且还具备了找出爸爸身上存在的问题并解决问题的能力,使用心理学的术语来说,妮基身上存在"自我调节能力"和"社会性智能"的长处。塞力格曼说,通过女儿的一番话,他不仅重新思考了作为一个心理学家的使命,而且重新思考了养育孩子的事情。

养育孩子,并非是找出孩子们的短处进行责骂,而是找出他们的长处和闪光点,对其进行培养,帮助孩子改正自身的弱点、发展自己的长处,走上人生的正道。

寻找孩子的长处,尽量避免唠叨

如果你想让你的孩子像塞力格曼的女儿那样自己改变自己, 与其每次都批评孩子的弱点,还不如帮助他找到长处更有效果。就像上面例子·中盖尔曼的父亲那样,如果关注孩子的弱点,就难免要批评孩子,而且很难停下来,所以应该找出孩子的长处, 加以表扬和鼓励, 引导他们自己克服自身的弱点。下面是塞力格曼提出来的可以在孩子,尤其是幼儿身上找到的长处。

好奇心	独处也不会感到寂寞,自己玩得很有趣。
学习热情	学到新知识就高兴。
创造力	总是能够提出新颖的想法。
社会性智能	无论到哪里都能很好地与别人相处。
敞开的心扉	能够多角度、多方面均衡地思考。
韧性	无论是什么事情都能做到有始有终。
亲切	努力善待新朋友和年幼的弟弟们。
领导能力	小朋友们喜欢跟他玩。
公正性	能够公平地对待自己不喜欢的人。
自我约束能力	有必要的话,就能立刻结束电脑游戏或收看电视。
慎重	能够看出危险,安全地躲避危险。
幽默感	朋友或家里人心情不好的时候,故意做一些滑稽的动作,说一些笑话。

父母在孩子身上发现了上面的优点,每次都加以表扬,这样的话,孩子身上就会不断地增长优点,逐渐地就形成了孩子优秀的品质。父母应该在日常生活中帮助孩子,使这些优点得到发扬光大。

举例来说,亲切的孩子就把他的长处命名为"亲切",然后试着让他负责照顾弟弟,和孩子一起参加一些像帮助左邻右舍等慈善活动,也是个不错的方法。有"学习热情"或者"创造力"长处的孩子,就给他提供各种各样的学习机会,让他不断地品尝到学习的乐趣。

　　如果自身的不足和缺点,总是被指出来的话,孩子们就会处于被动,变得消沉,很难发挥自身的长处。如果自身的长处得到父母的认同,经常接触发挥长处的机会,孩子就可以开始用积极的视角看自己,就是不对他们唠叨,他们也能往好的方向发展。

08

开发孩子的潜能
是父母的责任

"我家的民鹤连一个特长都没有，真是让我担心，我都不知道孩子长大之后，该让他做些什么。"

民鹤的妈妈为培养孩子的问题大伤脑筋，虽然周围的人都说孩子太小，还没有到考虑这种问题的时候，但是民鹤的妈妈却不这么认为；如今连大学毕业生都很难找到一份工作，如果在培养孩子的问题上不把眼光放到10年、20年之后，她觉得到时候肯定会后悔。

同邻居家的东润比较，让民鹤的妈妈更加焦虑。东润和民鹤同上一所幼儿园，东润认字好，说话说得也好，加法减法做得也不错，而且长大之后想当医生，现在就把医大当做了目标。民鹤的妈妈非常不安，真不知道让孩子长大之后做些什么。

大多数的母亲听到某个孩子"聪明"，自然就会联想起这个孩子出众的算术能力以及语言表达能力，但是哈佛大学的加德纳 (Howard Gardner)认为,在音乐或运动方面有才能的孩子,或者在朋友中有人气的孩子,都是聪明的孩子,所以他劝人们,如果看到孩子的这些才能,就应该不断地挖掘孩子这些方面的潜能。

应该让我的孩子做些什么呢?

加德纳认为,智能就是解决问题的能力,如果我们把生活所需的能力看做是智能,我们就不能说只有语言表达能力强、算术能力强的人,才是高智能的人。如今是多元化的社会,不同领域需要不同的人才,所以更加没有必要特意培养某种智能。加德纳把这样的时代背景作为前提,把针对正常人、脑损伤患者、自闭症孩子的研究资料作为基础,向人们介绍了七种智能,并列举了每一种智能的代表人物。

1. 言语——语言智能。突出的孩子喜欢读书或写作,也喜欢讲故事,而且他们可能对外语有兴趣,拥有出色的语言感觉。小说家、诗人、记者、童诗翻译家等职业,是适合这类人的职业领域。诗人 T.S. 艾略特和心理学家弗洛伊德等人, 是语言智能突出的代表人物。T.S. 艾略特写出了著名的《荒原》,这首诗被誉为"20 世纪最伟大的诗"。弗洛伊德是一位伟大的心理学家,是精神分析学派创始人,他用语言表达出了有关人类的梦与行动的科学概念,也使用简单的图表,表达出了这些科学概念。

2. 逻辑——数理智能。突出的孩子喜欢数字游戏或逻辑思维游戏,也喜欢对事物进行分类。他们思维缜密、善于分析,所以喜欢一些战略性游戏和实验。数学家、科学家、分析家等职业,是适合这类人的职业领域。著名的爱因斯坦就是数理、逻辑智能突出的代表人物。爱因斯坦是使用复杂的空间比喻和身体形象,还有数学方程式进行思考,确立了自己的科学理论。

3. **视觉——空间智能**。突出的孩子喜欢用图片或形象进行思考,喜欢画画、积木、填字等游戏。工程师、雕刻家、美术家等职业,是适合这类人的职业领域。毕加索是代表人物,他研究世间事物的色彩和质地、线和形态,善于把其内在特点用画表示出来。

4. **身体——动觉智能**。突出的孩子喜欢动,所以他们不喜欢静静地坐着,他们对运动或舞蹈、手工更感兴趣。运动员、舞蹈家等职业,是适合这类人的职业领域。美国的舞蹈家玛莎·葛兰姆(Martha Graham)是代表人物,她用身体的动作,表达出了人类的故事和情感。

5. **音乐——节奏智能**。突出的孩子对音乐的节奏和音调、旋律非常敏感,在沉醉中享受音乐。音乐家、作曲家等职业,是适合这类人的职业领域。我们可以列举现代的音乐大师斯特拉文斯基 (lgor Feodro-ovich Stravinsky)为这一领域的代表人物。他作曲的"春之祭"使用了简洁的导入符和不和谐和音,以至于当时的观众认为"这也能叫做音乐?"受到了观众的嘲笑,引起过骚乱,但是现在我们如果讨论 20 世纪的音乐,这首曲子成为了必不可少的里程碑式的作品。

6. **交往——交流智能**。突出的孩子能够和朋友们友好地相处,有时也会扮演领导家的角色,他们能够很好地理解他人的心理和情感,具有出色的沟通能力。这类人适合从事人际关系、营销、政治等方面的工作。甘地曾是印度的精神领袖、政治领导人,他领导印度人民反抗英国的统治,使用非暴力的政治革命,取得了印度的独立,在全世界范围引起了反响。

7. 自知——自省智能。突出的孩子能够正确地意识和评价自身的优点和弱点，对自身心理和情感的变化非常敏感，所以能够很好地控制自己，这种智能对于人生的成功是非常重要的。

发现孩子的潜能

如果我们根据这种分类，来分析现代的巨匠们，就可以知道他们具有各不相同的智能。T.S. 艾略特和弗洛伊德具有言语—语言智能，也就是传统的文学智能出众的人物，他们的学业成绩也一直非常优秀。毕加索虽然在学问领域比较弱，但是他的空间、身体、人性领域的才能出众。斯特拉文斯基和甘地曾经都是平凡的学生，但是这并不意味着他们的智力能力有问题，只不过他们对学校的学习不太感兴趣而已。玛莎·葛兰姆虽然拥有广博的智力能力，但是接触到舞蹈世界之前他并没有找到令她沉醉的东西。

这些事例告诉我们，每个人的智能领域是各不相同的，只有在符合自身智能的领域中工作，才能把自身的潜力发挥到极致。

那么，我们的孩子什么领域的智能突出呢？为了找出孩子的潜能，我们首先应该为他们提供各种各样的体验机会，然后进行长期细致的观察。孩子的有些智能很容易看出来，就像言语—语言智能，这样的孩子说话早，对数字敏感，但是我们想要了解孩子们的其他方面的智能，就有必要为他们提供恰当地接触音乐、美术等的机会。我们也有必要仔细观察孩子在对人关系上，能否善于读懂他人情绪状态，能否和同龄的孩子好好相处。加德纳以美国的幼儿为对象，作过这方面的调查研究，结果发现大多数的父母，没能及时发现孩子出色的音乐—节奏智能。

根据具体情况,孩子的智能有可能不符合父母所希望的方向。根据最近的一次调查,我们国家天才儿童的父母,不顾孩子的特性,而都希望自己的孩子将来能够拥有像科学家、医生、法律界等领域里的职业。其实,孩子是按顺序在如下的领域里表现出了他们的天才:语言（42.6%）、数学（20.2%）、科学（10.6%）、外语（5.3%）、美术（5.3%）等,但是父母希望孩子将来从事的职业按顺序如下:科学家（35.6%）、法律（22.2%）、医学（13.3%）、文学（8.9%）、人文（6.7%）等,而且父母说自己的孩子在数学方面有天分的占20.2%,但是希望自己的孩子成为数学家的父母仅占1.1%。

　　如果父母的希望和孩子的智能不一致,父母应该尊重孩子最出色的智能。比如:我们假设孩子的视觉—空间智能非常突出,平时喜欢美术,喜欢去美术展览会,如果父母赞成孩子将来成为画家或设计师,并支持孩子是最好不过了;但是如果父母的希望是让孩子成为律师,这就会有可能出现问题了。这个时候,父母最应该做的是观察孩子,是否具有律师所必须具备的逻辑能力,如果孩子的逻辑能力确实也是很突出,就可以引导孩子成为律师,同时把美术当做一种爱好。

　　我们评价孩子的能力,不能局限于一个领域,如果父母为孩子的将来着想,就应该至少使用七种领域的标准,对孩子进行多方面的观察,帮助孩子发挥自身具有的强项。只有在生活中发挥着自身的强项,人活得才有可能幸福,孩子也是一样。

09

父母既是孩子的第一个老师，
也是最好的老师

"我对养育孩子真是没有信心，自己的学问也不高，真是不知如何是好，很难作出抉择。还不如专家明确地告诉我具体怎么做。"

这是一位5岁孩子的妈妈吐露的心声。当赫俊牵着妈妈的手，第一次来到我们的研究院的时候，我们发现孩子的个子虽然要比其他同龄孩子高，但是一脸的紧张恐惧，当我们简单告知妈妈检查的步骤，领着他们进屋的时候，孩子就开始掉眼泪了。虽然赫俊也正在上幼儿园，但是孩子离开妈妈就会很不安。检查的过程中，赫俊一直表现得没有自信，经常回头看妈妈，用很小的声音回答了我们的问题。我们感到检查的结果固然重要，但是为了帮助明年就要上小学的孩子，真应该做些什么。

赫俊的妈妈说，自己对养育孩子真是没有自信，她说以前因为工作，没能好好照顾孩子,但是如今为了孩子工作也辞了,但是真不知道该如何应付孩子,所以她一天里也不知道想过多少回,如果有一位育儿专家告诉她育儿的最佳办法,该有多好。养育孩子的过程中,有过这种想法的妈妈不止是赫俊妈妈一个人,大多数的母亲,在育儿的过程中,遇到的问题肯定不是一两件。

育儿的方法,随时而变

"孩子大哭大闹的时候该怎么做呢?"

"英语教育应该什么时候开始呢?"

"我的孩子过于害羞,有没有什么好办法呢?"

"孩子不愿意去幼儿园,怎么办好呢?"

随着孩子一天天长大,父母肯定都会遇到这些问题。但是对于那些第一次面对这些问题的父母来说,确实是令他们头疼的事,所以父母就会咨询邻居家的妈妈,或者利用网络资源,加入各种各样的网络聊天和聊天室,也会读一读成功人士的经验,但是问题是,别人的成功方法,并不一定适合你和孩子。

我曾经负责在网上回答学生家长们的问题,家长们平时好像有很多难题需要咨询,他们在留言板上留下了各种各样的问题。我觉得回答这些问题太困难了,因为不仅父母提供的有关信息很少,而且我们没有见过这些孩子。比如:有一位父母留下了这样的问题,"我的孩子性格非常倔强,平时只要不满足她的要求,她就会大哭大闹"。因为我也没有见过这个孩子,很难判断这个孩子倔强的程度,对孩子行为的解释和解决问题的方法,也会根据孩子的年龄和具体的情况有所不同,所以我只能非常谨慎地回答这样的问题。

有一次,我非常好奇别人是如何处理这样情况的,于是就参加了一位有名讲师的父母教育课堂,据说这个课堂很受父母们的欢迎。这位讲师主要是以自身养育孩子的经验作为基础,讲解了育儿的方法,一个小时左右的讲解之后,是提问题的时间。有一位母亲就说,她想重新工作,问她一般妈妈重新工作的恰当时机是什么时候,这位讲师回答得非常肯定,"18 个月"。这位母亲得到了这么简单明了的答案心情有可能很畅快,但是我不免有些担心。我觉得有关这个问题的研究不下数百个,而且根据孩子的气质、到现在为止与父母分开过的经验、父母的育儿类型,性格和周围的帮助程度等等,也会有不同的答案,所以在没有这些信息的状态下,我认为最正确的答案,也许是"答案会随时而变"。

父母也要研究孩子

如果不知道有关孩子的详细情况,就是再优秀的育儿专家,也只能教给父母育儿的原理,但是这种原理也不能重复地使用在所有的孩子的身上,所以不仅要知道原理,而且还需要一个正确使用的过程。如果妈妈理解了有关孩子的发展和育儿的原理,再根据自己孩子的情况,正确使用这些原理,就能成为最好的育儿专家。

根据美国皮特·哈特研究所的一项调查结果,父母一般在常理上知道自己对孩子的发展起着重要的影响,但是他们并不是很清楚在日常生活中,自己的什么样的举动,会给孩子的发展和学习造成什么样的影响。大多数的父母虽然知道孩子具有能动性,他们从降临到这个世界的那一刻起,就能进行学习,但是他们不知道几个重要的事实,比如:接受调查的87%的父母认为,越是刺激孩子,越是对孩子有益,但是事实上并非如此。再好的教具或书籍,如果孩子厌烦,就会起到反作用,所以重要的是要根据孩子们的发展水平、兴趣和心理、气质等给予适当的刺激。

其余25%的父母,不能正确理解父母和孩子之间的相互作用,他们不能正确理解根据相互作用的方法,孩子的智能是可以发展,也有可能停滞不前。根据最近的研究结果,孩子很小的时候,就开始为理解周围的世界而付出努力,所以父母在这个时期为孩子提供什么样的环境,如何同孩子互动,对于培养孩子的解决问题的能力、好奇心、自信心是非常重要的。

从这样的结果来看,不仅是育儿专家,父母也需要学习很多有关孩子的知识。将来所有要成为父母的人,应该学习和掌握孩子的成长过程、孩子为什么会有这样那样的行为以及相应的育儿方法。为了成为最优秀的育儿专家,父母也必须学习,付出自己的努力。

10

没有比表扬和鼓励
更好的教育方法了

"听说邻居家的孩子已经能读英文书了……"

"听说正爱的孩子已经把乘法口诀背得滚瓜烂熟……"

孩子越大，父母就越能拿自己的孩子和别人家的孩子相比较。每当听到别人家的孩子怎么怎么样了，我不仅就会想到自己的孩子小时候也很聪明，难免就会自责，反省自己是否应该更关心孩子的教育。

母亲的心就是这样，如果开始担心孩子的将来，她们就会很焦虑，就会按每小时 120 公里的时速往前推进，但是孩子好像并不十分了解妈妈的这种心情，只顾着和年幼的弟弟争着看电视。妈妈看到了就会忍不住大发雷霆，"我不是说过让你赶紧去听英语了吗？到底说几遍你才能听啊！你没听说邻居家的京珠已经能读英文书了吗？你到底像谁呀！怎么没有一件事情能够做得认认真真！"

妈妈的焦虑终于像决堤的洪水般暴发出来，孩子这才耷拉着肩膀，走进自己的房间，身后又传来妈妈的唠叨声，"听完十遍英语，写完十遍汉字之前，别想从房里走出来！"

受到责骂的大脑和受到表扬的大脑

学习对于孩子来说，本来是一种令人愉快的游戏，可以使他们充分认识这个世界。孩子先天就会对这种游戏感兴趣，但是这种愉快的游戏如果有了目标，多出了考试，立刻就会变成压力。如果孩子在家里或学校，因为学习经常受到责骂，没等开始学习，就会先失去兴趣。

孩子如果被迫学习，有精神压力，反而会妨碍孩子的学习，对人类大脑的最新研究结果，重新证实了这一点。我们的大脑分成不同的功能区域，大脑首先判断，传送到大脑的信息是视觉信息还是听觉信息，然后就会传送到后头叶、侧头叶、前头叶等不同功能区域。与此同时，位于大脑下部的杏仁体，就会判断各种信息是否具有能够引起情绪变动的信息，然后分泌出荷尔蒙。

如果孩子受到责骂，或者发生了令他不愉快的事情，产生了精神压力，杏仁体就会分泌出一种叫做皮质醇的"压力荷尔蒙"，如果这种荷尔蒙分泌过多，就会损伤大脑的各个部位，思考能力下降，很难集中精力，所以学习当然就会变得无趣、变得艰难。如果父母再责骂这样的孩子，孩子的压力就会加大，"压力荷尔蒙"就会重新分泌出来，使学习变得越来越难，就会形成恶性循环。

与此相反，受到表扬的大脑，就会分泌出一种叫做内啡肽的荷尔蒙，这种荷尔蒙，可以起到促进学习和记忆的作用。我们心情好的时候记忆力和理解力，都会得到提高，这就是内啡肽的作用。内啡肽不仅能提高学习的效率，也能减少疼痛。

表扬孩子的优点
就能挖掘出新的潜力

不久之前，日本某咨询公司的职员，来到我们的研究院做过讲演，他讲了公司的全体员工如何齐心协力，打造一个既能令人满意又能盈利的公司。他向我们介绍了两种解决问题的方法：一个就是先把问题确定下来并找出原因，然后再有针对性地解决问题，这是解决问题型方法；另一个则是先把优点和长处找出来并以此为中心，寻找能够做好的事情，这是优点延伸型方法。如果我们使用问题解决型方法，一旦问题得以解决之后，就不会有进一步的目标，但是优点延伸型方法，是以长处为轴心的，所以具有可以无限变化的优点。这位职员向我们介绍说，后一种方法是更为积极肯定的方法。

事实上，我们非常熟悉问题解决型方法，很多的父母使用这种方法来教育孩子，他们经常一针见血地指出自己孩子的问题，例如："我家的小孩子太过于消极了"，"大孩子总是以否定的观点对待事物"。

但是，我们都知道找出问题容易，但是解决问题并非易事。我们常常列举一大堆的问题，但是发现问题不好解决时，很容易就会自暴自弃。如果我们采用后一个优点延伸型方法，从寻找长处来开始，问题就会更容易得到解决。

我听了这一次的讲演,也有所感并暗自下定了决心,"有道理啊,现在开始再也不能从寻找问题开始,应该先找出孩子的优点",但是我在工作中已经更习惯于寻找孩子的缺点,所以一时还真想不出孩子的优点。我决心有意识地进行练习,心想就是花些时间,也要先找出孩子的优点给以表扬,努力的结果,我终于能看见孩子身上的优点了,"小孩子虽然消极,但是比较谨慎,这就是他的长处","大孩子的优点是能够倾听别人说的话"。

像我这样已经习惯于寻找缺点的人,想一下子改变是有一定的困难的,但是俗话说得好,"表扬能让鲸鱼跳舞",而且会成为引起孩子的变化、使他们得到发展的积极力量。根据一个针对13个月到36个月的孩子进行的研究结果,这个时期的孩子,如果从父母那里听到很多表扬和肯定他们的话,到了3岁他们的智能指数和词汇量高于其他孩子。

表扬也需要正确性

虽然说表扬会对孩子们起到积极的作用,但是什么事情都表扬是危险的。如果孩子总是受到表扬,就会使他们不会区分什么事情值得表扬和不值得表扬,时间长了,孩子会觉得没有努力的必要,从而他们有可能会变得消极。

正因为如此,表扬孩子的时候,明确指出表扬的理由,让孩子知道自己为什么受到表扬,比如:平时挑食很厉害的孩子,偶尔一顿饭吃得很好,你不应该表扬孩子说,"吃得真好",而应该说:"哎呀,你今天一点儿菜都没剩?值得表扬,做得好! "又比如孩子第一次自己穿上了袜子,就应该表扬说:"自己穿袜子了? 真是了不起! "

但是,夸孩子头脑聪明,或者什么能力出众,反而有可能对孩子产生不良的影响。美国哥伦比亚大学针这一问题,对小学五年级的孩子们进行了研究。他们把孩子们分为两组,表扬了一组的孩子头脑聪明,而对于另外一组的孩子则表扬了他们做出的努力,然后实际比较了他们面对成功和失败的行为表现。

研究结果表明,被表扬头脑聪明的孩子认为成绩是最重要的,所以他们会非常在意成绩,做事没有自信,害怕失败。这样的孩子由于惧怕失败,甚至会选择不作努力,比如:如果自己没怎么努力,考试也得到了 80 分,而其他同学努力学习的结果,也得到了同样的分数,他们就会感到非常满足,不愿意付出进一步的努力。如果他们付出了努力,却得到的是与其他人一样的分数,他们就会认为,这是证明自己头脑不聪明的证据。

与此相反,通过自身的努力得到表扬的孩子,他们虽然看重成绩但更看重学习本身,他们为了正确理解学到的内容,付出了一贯的努力,做事有自信,不惧怕新的挑战。这样的孩子面对失败,也会认为这是自己不够努力的缘故,就会努力找出更好的解决方法。

如果表扬孩子的成绩或能力,他们自然就会关注结果,经历了失败就会失去自信。如果表扬孩子们付出努力的过程,他们尝到失败之后,仍然会不断地尝试新的方法。表扬孩子要有节制,也要讲究方法,不应该夸孩子"你真有头脑!"或者"你好聪明啊!"而是应该说"你看每天的练习,得到了一个好结果",要把表扬的重点放在"努力"上而不是"头脑",时时提醒他们努力过程的重要性。

父母的表扬和情绪上的支援,对于孩子来说比什么都重要,如果孩子得不到父母的认可，别人再怎么认可他，他们也不会生出自信。父母应该以孩子们的优点为基础，为了让他们健康成长，即使是再小的事情，只要孩子做好了就应该及时地给予表扬，一贯地鼓励孩子们。请记住：赞扬是用耳朵听的补药。

11

对孩子要多说，
而且要复杂多样化

"不行"、"不要做"、"停下来"。

父母对孩子，每天能说几次这样的话呢？

哈特和利斯理，进行了有关这一问题的研究，说这种否定或禁止的话，全职父母平均每小时说 5 次，有工作的父母平均每小时说 10 次。如果我们研究孩子学说话的过程，就可以知道与生俱来的能力固然重要，但是听别人说话也是孩子们的语言发展所必需的。爸爸妈妈在日常生活中对孩子说的话，不仅对孩子的语言发达而且对智力发展，都是非常重要的，收音机或者电视里传出来的声音是无法与此相提并论的。

父母对孩子说些什么，如何说呢？

父母对孩子说话，也有需要注意的地方。为了了解父母的话对孩子产生什么样的影响，哈特和利斯理访问了 42 个幼儿的家庭，历时两年零六个月，录下了父母对孩子所说的话，结果他们发现了几点有趣的事实。

第一，父母对孩子说的话越多，孩子的语言和智力发展越快。全职的父母对孩子所说的话，要比有工作的父母多出三倍，也就是说，一个孩子从父母那里听到 30 遍单词"苹果"，而别的孩子只能听到 10 次，值得注意的是 3~4 年时间里这种差距的积累，孩子在没有接受正规教育之前，在语言和一般智能的发展就已经出现了差距。

第二，父母和孩子说话的时候，使用积极肯定的词汇也是很重要的。有职业的父母平时不仅和孩子说的话比较少，而且说出来的话大部分都是禁止和否定的话。全职的父母平时多说话，而且他们使用的句子含有形容词、名词、动词等多种词性的词汇。

第三，父母和孩子对话的时候，最好不要使用过于简单的话，应该使用稍微超出孩子水平的复杂的话语。如果过低评价孩子的水平，只是使用一些过于简单的单词，孩子就会缺乏语法发展所必需的语言和智能刺激。

美国芝加哥大学的哈顿洛克（Hutten.Locher）教授研究小组的最近研究，也得出了类似的结果。他们录下了四、五岁的孩子在家里或学校所说的话，分析了语法复杂的句子所占的比率，与此同时，他们也录下了父母和老师对孩子所说的话，也分析出了复杂语句的比率，结果发现妈妈和老师越是多使用复杂的语句，孩子越能使用和理解复杂语句。

能让孩子变聪明的说话训练方法

还有一些研究结果也表明,父母对孩子的说话方式和方法,会影响孩子的智力发展。洛约拉大学的海瑞克和共同研究人员,训练了40名父母对孩子说话的方法,这种说话方法可以帮助孩子增进记忆力。两个月之后,他们让这些父母的孩子,回忆两个月前发生的事件,结果不出所料,这些孩子比其他孩子记住了更多的内容,很明显父母的说话方法帮助了他们的记忆。

那么,这些父母接受了什么样的训练呢?下面简单介绍一下这种说话方法。

提问

父母提问孩子的时候,问他们"谁"、"什么时候"、"在哪里"、"什么""为什么",比如:父母和孩子一起读书的时候,作出类似于这样的提问,"这个球是什么颜色?""这个朋友是在那里找到的球呀?""皮诺丘的鼻子为什么变长了?"孩子回答这类的提问,不仅学到基本的概念和词汇,而且为了回答提问进行思考,所以能帮助孩子提高记忆力。

连接

现在正在进行中的行动和活动,与过去的事件或经验相连接起来,比如:连环画中出现了皮球,就可以对孩子说:"我们家的宇晋过生日的时候,不是也得到了这样的皮球了吗?"把图片和孩子的皮球连接起来,然后也就可以很自然地继续对话,"真的,那个皮球到哪里去了?""你当时喜欢得不得了。"通过这样的方法,我们可以把现在正在发生的事情,或者孩子正在注意的事物,和过去的事件连接起来,增强对现在的记忆。这就像有很多条到达目的地的道路,当一条道路被堵了,也可以通过别的方法到达目的地一样,现在的记忆与过去的事情连接得越多,以后就越能容易记起这件事情。

跟着走

父母讲一讲孩子正在集中注意力进行的活动或事物,例如:如果孩子拿起积木就问孩子:"你想用这些积木搭建些什么呢?"或者试着对孩子说"我们用积木一起建一个大厦吧"。这么做的理由是父母说一些孩子正在关心的有兴趣的事情或事物,最能引起他们的兴趣,记忆起来也特别容易。让我们举一个相反的例子,孩子拿着积木正在考虑,"要搭些什么呢?"这个时候如果妈妈拿着拼图对孩子说,"我们一起玩拼图游戏吧,看一看这里应该放哪一块拼图呢?"孩子就有可能听不进妈妈的提问,因为拼图游戏并不是孩子正在关注的东西。

肯定的评价

对孩子所说的话,作出肯定的评价,比如:孩子看着连环画里的考拉,结结巴巴地读出"考拉",父母就应该马上作出反应,表扬和鼓励孩子,"对,那是考拉,读得真好"。如果孩子读错了,你只要更正错误就可以了,"不是考罗应该是考拉,读出来听一听",这样得到回忆的内容,孩子就会多一次记忆的机会,就会记得更牢,而且受到表扬的大脑就会分泌出内啡肽荷尔蒙,帮助孩子的记忆。

整天都和孩子在一起的父母，和孩子对视着说话的时间到底能有多少呢?上面所举的例子告诉我们一些方法,使用丰富的词汇和稍微高出孩子水平的句子,和孩子们多说话就能促进孩子的语言和智力的发展。我们应该经常提问孩子,把现在的事情与过去的事件连接起来,说一些孩子关心的对象,对孩子所说的话作出反应也是很重要的。孩子们通过这样的过程,就能培养说话和记忆的能力。最重要的是,如果父母把孩子当做真正的对话对象,刺激孩子发展的话,是不是可以张口就能说出来呢?

BOOK

黑龙江教育出版社精品图书

书名 掌握学习方法就能提高成绩
作者 [韩国]申鹏燮
译者 朴银爱 黄彪

　　"整日埋头学习却提高不了成绩的孩子"和"尽兴地玩着却能获得预期成果的孩子"之间的差距在哪里？学习也有"王道"。要想成绩好"就得好好掌握学习方法。"

定价 25.00元

书名 英语尖子生是小学时打造的
作者 [韩国]徐锡英
译者 刘日波 黄彪

　　优等生圆圆和童话作家妈妈的英语征服记。
　　这真是一本好书,谁翻开它的书页,都会有一种相见恨晚的感觉。

定价 22.00 元

书名 爸爸每天 10 分钟启发孩子智力
作者 [韩国]李相和
译者 崔庆哲

　　父亲的教育效果是母亲的十倍！
　　繁忙的父亲在家里为孩子投资 10 分钟,就会改变孩子的学习人生。

定价 22.00 元

书名 学习经纪人——父母把孩子培养成会考试的孩子
作者 [韩国]朴志雄
译者 刘日波

　　能让孩子自觉、自主学习的秘诀！
　　对于学习好的孩子,学习的老师 NO! 学习的经纪人 Yes!

定价 25.00 元

书名 哈佛大学的幸福课
作者 晨曦

　　幸福是什么？哈佛大学泰勒·本－沙哈尔博士告诉你。幸福在哪里？答案就在哈佛排名第一的幸福课中。

定价 28.00 元

BOOK

黑龙江教育出版社精品图书

- -

书名 哈佛大学的财富课

作者 晨 曦

　　财富在哪里？就在哈佛大学的财富课堂里,财富如何求？方法就在心中的创富欲中。

定价 28.00 元

书名 学习快车——王飞博士问答式学习方法课

作者 王 飞 邱 羽

　　优秀的学生不是老师"教"成的,而是"影响"造就的。"教"只能几年,"影响"却是一生。

　　家长和老师影响孩子的方法有四种：引导、督促、分享、榜样。

定价 28.00 元

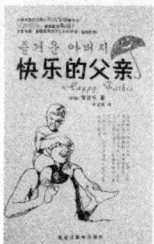

书名 快乐的父亲

作者 [韩国]李喜乐

译者 朴泰秀

　　本书讲了"做快乐父亲的方法 29"。

　　这是父亲们寻找幸福的方法论！

　　它告诉人们：父亲快乐,家庭就会幸福！

　　是一本父亲们先读,家庭成员为了父亲的幸福而一起读的书！

定价 29.80 元

书名 韩国女人的美丽人生

作者 [韩国]李智莲

译者 朴泰秀

　　作者用自己的亲身经历,从心理、职场、家庭等多个角度,讲述了作为女人应如何跳出社会上传统的观念和世俗偏见的框框,别做"能干的事",而要做自己"想干的事",从而实现幸福的自我。

定价 28.00 元

书名 魅惑的技巧

作者 [韩国]宋苍旻

译者 权美兰

　　超越漂亮外貌的超强竞争力,其核心是什么——"魅力"！本书列举了成为具有魅力之人的魅惑的 50 种行之有效的方法。当然要成为一个具有魅力的人,还要不断地突破自己,超越自己。

定价 28.00 元

图书在版编目(CIP)数据

孩子的心理报告书 /(韩)张有敬著;刘日波译.
—哈尔滨:黑龙江教育出版社,2009.11
ISBN 978-7-5316-5363-9

Ⅰ.①孩… Ⅱ.①张… ②刘… Ⅲ.①家庭教育 ②儿
童心理学 Ⅳ.①G78 ②B844.1

中国版本图书馆CIP数据核字(2009)第201303号

孩子的心理报告书
HAIZI DE XINLI BAOGAOSHU

作　　者	[韩国]张有敬
译　　者	刘日波
选题策划	宋舒白
责任编辑	宋舒白　宋怡霏
装帧设计	益格堂工作室
责任校对	宋玉霞
出版发行	黑龙江教育出版社(哈尔滨市南岗区花园街158号)
印　　刷	北京市文林印务有限公司
开　　本	787×1092毫米　1/16
印　　张	15.5
字　　数	180千
版　　次	2010年1月第1版
印　　次	2010年1月第1次印刷
书　　号	ISBN 978-7-5316-5363-9
定　　价	28.00元
版权登记	08-200-014

本书由韩国文学翻译院资助发行